LE GUIDE
**LEBEY
2009**

# *Où*
## *bien manger quoi*
## *à Paris*

**ALBIN MICHEL**

LES GUIDES LEBEY
Aux Éditions Albin Michel

*Le Guide Lebey des restaurants de Paris*
(paraît tous les ans en novembre)

*Le Petit Lebey des bistrots parisiens*
(paraît tous les ans en février)

COORDINATION ÉDITORIALE
Gaëlle BOMMERT

Avec la participation des enquêteurs des Guides Lebey

Rédaction publicitaire :
Michèle LAFANECHÈRE

© Éditions Albin Michel, 2008.
22, rue Huyghens, 75014 Paris
www.albin-michel.fr
ISBN : 978-2-226-18736-9

# SOMMAIRE
## *des plats*

# PRÉFACE

Prenant un verre chez des amis avant d'aller dîner au restaurant, vint le grave moment du choix de la table. J'eus l'imprudence de leur demander ce qu'ils avaient envie de manger. S'ensuivit une discussion serrée, nos femmes souhaitant une sole meunière, les bonshommes une entrecôte et des frites.

Naturellement, on se tourna vers moi, le seul censé capable de donner une réponse précise et mettre tout le monde d'accord. Ne voulant pas prendre de risque, j'indiquai une table qui venait d'ouvrir, j'y avais fait un très bon déjeuner la veille.

Pensant que ce genre d'aventure doit vous arriver aussi, cela m'a donné l'idée d'ajouter un index à mes guides 2008 « Où bien manger quoi à Paris ». Il eut un tel succès auprès des médias comme des lecteurs, que vous voilà avec un nouveau guide Lebey à consulter. Quand vous aurez envie d'un plat, vous trouverez facilement où sont servis les meilleurs.

Bien évidemment, tous ces restaurants ont été testés et tous les détails figurent dans le guide des restaurants ou celui des bistrots.

Ce sont les plats les plus courants qui ont été retenus (une soixantaine) pour vous indiquer là où sont, à notre avis, les meilleurs.

Cela exclut, hélas, les plats de création où il n'y a guère de comparaison possible. Cela me prive du plaisir de vous dire que j'ai goûté dernièrement un plat merveilleux *Chez Laurent* (8ᵉ), un flanchet aux blettes et au jus de veau. Idem pour le bien connu et unique homard à la vanille de *Senderens*, et pour le cochon de lait laqué d'Inki Aizpitarte, *Le Chateaubriand* (11ᵉ). Ce sont des plats d'auteurs. Donc, pas de comparaison possible.

J'espère que ce petit guide vous aidera à faire les bons choix.

Bon appétit.
Claude Lebey

P.-S. : En réservant votre table, n'oubliez pas de demander si le plat pour lequel vous y venez, figure bien à la carte ce jour-là.

# Abats ou produits tripiers

Les produits tripiers rassemblent un grand nombre de savoureux morceaux. Issus du bœuf, du veau, du mouton, de l'agneau ou du porc, ils offrent des textures très différentes et des saveurs variées. La plupart figurent dans ce guide. L'un des plus grand spécialiste des abats est le *Ribouldingue* (p. 15).

*Bœuf bourguignon - Joue de bœuf (p. 13),*
*Foie de veau (p. 54),*
*Gras-double – Tablier de sapeur (p. 61),*
*Pied de cochon (p. 83),*
*Pieds et paquets (p. 85),*
*Ris de veau (p. 103),*
*Rognons de veau (p. 105),*
*Tête de veau (p. 120),*
*Tripes à la mode de Caen (p. 122).*

# Andouillette

Monsieur Duval, qui livrait depuis des lustres des andouillettes-référence, a vendu son entreprise. Celle que l'on trouve aujourd'hui à son nom n'a plus qu'un lointain rapport avec la sienne. Quant à la référence 5A sur les cartes, elle ne signifie plus grand-chose. Cela devrait s'améliorer d'ici un an ou deux, les dirigeants de l'association ayant décidé de faire le ménage. La meilleure andouillette à notre connaissance est celle de la maison Hardouin à Vouvray.

Andouillette

## L'AMBASSADE D'AUVERGNE

22, rue du Grenier-Saint-Lazare (3ᵉ) • Ⓜ Rambuteau
Tél. 01 42 72 31 22
Ouvert tous les jours et toute l'année. Accueil jusqu'à 22 h.

16 € pour l'*Andouillette.*
Prix moyen d'un repas tout compris : 40 €

## AUBERGE PYRÉNÉES CÉVENNES

106, rue de la Folie-Méricourt (11ᵉ) • Ⓜ République
Tél. 01 43 57 33 78
Fermé samedi midi et dimanche. Accueil jusqu'à 22 h.

17,80 € pour l'*Andouillette Bobosse.*
Prix moyen d'un repas tout compris : 45 €

## AU BOURGUIGNON DU MARAIS

52, rue François-Miron (4ᵉ) • Ⓜ Saint-Paul, Hôtel-de-Ville
ou Pont-Marie
Tél. 01 48 87 15 40
Fermé dimanche et lundi. Accueil jusqu'à 23 h.

17 € pour *l'Andouillette de Simon Duval au bourgogne aligoté,
servie avec des frites maison.*
Prix moyen d'un repas tout compris : 40 €

## LA FONTAINE DE MARS

129, rue Saint-Dominique (7ᵉ) • Ⓜ École-Militaire ou Alma-Marceau
Tél. 01 47 05 46 44
Ouvert tous les jours. Accueil jusqu'à 23 h.

19 € pour *l'Andouillette de M. Duval et jus au chardonnay.*
Prix moyen d'un repas tout compris : 50 €

## CHEZ GEORGES – LE JEU DU MAIL

1, rue du Mail (2ᵉ) • Ⓜ Bourse ou Sentier
Tél. 01 42 60 07 11
Fermé samedi et dimanche. Accueil jusqu'à 22 h 15.

19 € pour *l'Andouillette de Troyes grillée.*
Prix moyen d'un repas tout compris : 65 €

## LA MARLOTTE

55, rue du Cherche-Midi (6ᵉ) • Ⓜ Saint-Placide ou Sèvres-Babylone
Tél. 0145488679
Ouvert tous les jours. Accueil jusqu'à 22 h 30.

23 € pour l'*Andouillette*.
Prix moyen d'un repas tout compris: **45 €**

## L'OPPORTUN

62, boulevard Edgar-Quinet (14ᵉ) • Ⓜ Edgar-Quinet
ou Montparnasse-Bienvenüe
Tél. 0143202689
Fermé le dimanche. Accueil jusqu'à 23 h.

14 € pour l'*Andouillette AAAAA sauce moutarde*.
Prix moyen d'un repas tout compris: **50 €**

## AU PETIT THÉÂTRE

15, place du Marché-Saint-Honoré (1ᵉʳ) • Ⓜ Opéra, Tuileries
ou Pyramides
Tél. 0142610093
Fermé dimanche et lundi. Accueil jusqu'à 22 h 30.

19 € pour la *Véritable andouillette de Troyes de la Maison Thierry*.
Prix moyen d'un repas tout compris: **40 €**

## LE POUILLY-REUILLY

68, rue André-Joineau (Le Pré-Saint-Gervais – 93) • Ⓜ Hoche
Tél. 0148451459
Fermé samedi midi et dimanche. Accueil jusqu'à 21 h 45.

19 € pour l'*Andouillette sauce moutarde* (de septembre à mars).
Prix moyen d'un repas tout compris: **60 €**

## LA TABLE D'ANVERS

2, place d'Anvers (9ᵉ) • Ⓜ Anvers
Tél. 0148783521
Fermé samedi midi et dimanche. Accueil jusqu'à 23 h.

19 € pour l'*Andouillette de Troyes, servie avec une purée maison*.
Prix moyen d'un repas tout compris: **40 €**

# Anguille

Les Parisiens ne raffolent guère de ce poisson très fréquent dans le Sud-Ouest. À Paris, on le trouvera fumé à la *Maison du Caviar*, en matelote au *Carré des Feuillants* et à la japonaise chez *Nodaïwa*.

## CHEZ LES ANGES

54, boulevard de La Tour-Maubourg (7ᵉ) • Ⓜ La Tour-Maubourg
Tél. 01 47 05 89 86
Fermé samedi et dimanche. Accueil jusqu'à 22 h 30.

---

**28 €** pour *l'Anguille de la Loire grillée puis laquée, poivre du Sichuan.*
Prix moyen d'un repas tout compris : **80 €**

## CARRÉ DES FEUILLANTS

14, rue de Castiglione (1ᵉʳ) • Ⓜ Opéra, Tuileries ou Concorde
Tél. 01 42 86 82 82
Fermé samedi et dimanche. Accueil jusqu'à 22 h 30.

---

**90 €** pour *l'Anguille.*
Prix moyen d'un repas tout compris : **90 €**

## GRAINDORGE

15, rue de l'Arc-de-Triomphe (17ᵉ) • Ⓜ Charles-de-Gaulle-Étoile
Tél. 01 47 54 00 28
Fermé samedi midi et dimanche. Accueil jusqu'à 22 h 30.

---

**23 €** pour *l'Anguille au vert.*
Prix moyen d'un repas tout compris : **60 €**

## LA MAISON DU CAVIAR

21, rue Quentin-Bauchart (8$^e$) • Ⓜ George-V
Tél. 01 47 23 53 43
Ouvert tous les jours. Accueil jusqu'à 1 h.

15 € pour *l'Anguille fumée* (six lamelles servies en entrée).
Prix moyen d'un repas tout compris : 100 €

## NODAÏWA

272, rue Saint-Honoré (1$^{er}$) • Ⓜ Tuileries, Pyramides
ou Palais-Royal
Tél. 01 42 86 03 42
Fermé le dimanche. Accueil jusqu'à 22 h.

*Anguille* servie dans les menus de 20 € à 65 €.
Prix moyen d'un repas tout compris : 45 €

# Beurre blanc nantais

Cette merveilleuse sauce d'une grande finesse était autrefois servie avec des poissons de rivière, sandre ou brochet. De nos jours, elle est parfaite pour mettre en valeur du turbot ou du homard pochés. L'origine de cette sauce serait une béarnaise ratée (œufs oubliés...) préparée par Clémence, la cuisinière du marquis de Goulaine, au XIXᵉ siècle. À notre connaissance, seuls deux restaurants proposent encore cette sauce qui doit être faite au dernier moment, à base d'une réduction d'échalotes dans du vin blanc et du vinaigre, du beurre et surtout pas de crème.

## LE CHAMBORD

17, rue Paul-Chatrousse (Neuilly-sur-Seine – 92) • Ⓜ Pont-de-Neuilly
Tél. 01 47 47 73 17
Fermé le dimanche. Accueil jusqu'à 23 h.

---

90 € pour le *Turbot cuit au four au beurre blanc nantais*.
Prix moyen d'un repas tout compris : **65 €**

## LA GRILLE

80, rue du Faubourg-Poissonnière (10ᵉ) • Ⓜ Poissonnière
Tél. 01 47 70 89 73
Fermé samedi et dimanche. Accueil jusqu'à 21 h 30.

---

26,40 € pour les *Brochettes de Saint-Jacques avec son beurre blanc nantais* ; 66 € pour *le Turbot sauvage grillé avec son beurre blanc nantais* (pour deux personnes).
Prix moyen d'un repas tout compris : **60 €**

# Bœuf Bourguignon – Joue de bœuf

« Pièce de bœuf à la bourguignonne », telle était la dénomination ancienne de ce plat très savoureux. Autrefois, on employait un morceau de bœuf (paleron, macreuse,...) qui était lardé, mariné puis braisé entier. De nos jours, le « bourguignon » est préparé de la même manière mais cuit en morceaux, après avoir mariné pendant 12 à 18 heures dans un mélange à base de vin rouge tannique. On emploie souvent de la joue de bœuf, morceau beaucoup plus moelleux.

## CHEZ L'AMI JEAN

27, rue Malar (7ᵉ) • Ⓜ La Tour-Maubourg ou Invalides
Tél. 01 47 05 86 89
Fermé dimanche et lundi. Accueil jusqu'à minuit.

---

28 € pour la *Joue de bœuf braisée et sautée d'encornet tradition.*
Prix moyen d'un repas tout compris : 40 €

## LA CAVE DE L'OS À MOELLE

181, rue de Lourmel (15ᵉ) • Ⓜ Lourmel
Tél. 01 45 57 28 28
Fermé le lundi. Accueil jusqu'à 22 h 30.

---

Buffet à 22,50 € à volonté, dont la *Joue de bœuf braisée aux petits légumes.*
Prix moyen d'un repas tout compris : 30 €

## AUX CRUS DE BOURGOGNE

3, rue Bachaumont (2ᵉ) • Ⓜ Les Halles ou Sentier
Tél. 01 42 33 48 24
Fermé samedi et dimanche. Accueil jusqu'à 23 h.

---

18 € pour le *Bœuf bourguignon*.
Prix moyen d'un repas tout compris : **40 €**

## L'ENTREDGEU

83, rue Laugier (17ᵉ) • Ⓜ Porte-de-Champerret
Tél. 01 40 54 97 24
Fermé dimanche et lundi. Accueil jusqu'à 22 h 30.

---

*Joue de bœuf et gratin de macaroni*, proposé dans le menu à
34 € ou la formule à 24 €.
Prix moyen d'un repas tout compris : **45 €**

## L'ÉPIGRAMME

9, rue de l'Éperon (6ᵉ) • Ⓜ Odéon ou Saint-Michel
Tél. 01 44 41 00 09
Fermé dimanche soir et lundi. Accueil jusqu'à 23 h.

---

Dans la formule à 22 € au déjeuner ou dans le menu à 28 €
(déjeuner et dîner) pour la *Joue de bœuf*.
Prix moyen d'un repas tout compris : **35 €** au déjeuner et **50 €** au dîner.

## JOSÉPHINE (CHEZ DUMONET)

117, rue du Cherche-Midi (6ᵉ) • Ⓜ Duroc ou Falguière
Tél. 01 45 48 52 40
Fermé samedi et dimanche. Accueil jusqu'à 22 h 30.

---

24 € pour le *Bœuf bourguignon aux tagliatelles*.
Prix moyen d'un repas tout compris : **60 €**

## CHEZ RENÉ

14, boulevard Saint-Germain (5ᵉ) • Ⓜ Maubert-Mutualité
ou Cardinal-Lemoine
Tél. 01 43 54 30 23
Fermé dimanche et lundi. Accueil jusqu'à 23 h.

---

19 € pour le *Bœuf bourguignon*.
Prix moyen d'un repas tout compris : **45 €**

## RIBOULDINGUE

10, rue Saint-Julien-le-Pauvre (5e) • Ⓜ Saint-Michel
Tél. 01 46 33 98 80
Fermé dimanche et lundi. Accueil jusqu'à 23 h.

Dans le menu-carte à 27 € pour la *Joue de bœuf servie avec une sauce au vin rouge et une purée de céleri-rave.*
Prix moyen d'un repas tout compris : **50 €**

## TANTE LOUISE

41, rue Boissy-d'Anglas (8e) • Ⓜ Concorde ou Madeleine
Tél. 01 42 65 06 85
Fermé samedi et dimanche. Accueil jusqu'à 22 h 30.

27 € pour le *Bœuf bourguignon.*
Prix moyen d'un repas tout compris : **65 €**

# Bouchée à la reine

C'est, on le sait, un hors-d'œuvre chaud
fait d'un feuilleté rond et dentelé,
garni de ris de veau, poulet, quenelles de veau,
champignons de Paris et parfois, de truffes.
Cette bouchée doit son nom à la reine Marie,
femme de Louis XV. Le vol au vent est une
variante destinée à plusieurs convives.

## DROUANT

16-18, place Gaillon (2e) • Ⓜ Quatre-Septembre ou Pyramides
Tél. 01 42 65 15 16
Ouvert tous les jours. Accueil jusqu'à minuit.

20 € pour la *Bouchée à la reine de Drouant* (servie uniquement le mercredi midi).
Prix moyen d'un repas tout compris : **55 €**

## GÉRARD BESSON

5, rue Coq-Héron (1er) • Ⓜ Louvre-Rivoli
ou Palais-Royal-Musée-du-Louvre
Tél. 0142331474
Fermé samedi midi, dimanche et lundi midi.
Accueil jusqu'à 21h30.

---

**50€** pour le *Vol au vent de morilles, ris et rognons de veau poêlés, sauce blonde au jus de veau.*
Prix moyen d'un repas tout compris : **155€**

# Boudin

La recette classique est composée d'un tiers
de sang, un tiers de lard et un tiers d'oignon.
On a trop tendance à vouloir servir
du boudin trop maigre et sans goût.
Le meilleur à notre connaissance
est celui d'Hardouin à Vouvray. On propose
de plus en plus du boudin basque mélangé
de chair et assaisonné de piment d'Espelette.
C'est bon mais c'est un autre produit.

## AFARIA

15, rue Desnouettes (15e) • Ⓜ Convention
Tél. 0148561536
Fermé dimanche et lundi midi. Accueil jusqu'à 23h.

---

**10€** pour le *Boudin aux pommes en croûte de moutarde.*
Prix moyen d'un repas tout compris : **45€**

## L'AMBASSADE D'AUVERGNE

22, rue du Grenier-Saint-Lazare (3e) • Ⓜ Rambuteau
Tél. 0142723122
Ouvert tous les jours. Accueil jusqu'à 22h.

De 15 € à 16 € pour le *Boudin aux châtaignes* (servi en hiver).
Prix moyen d'un repas tout compris : **40 €**

## AU BASCOU

38, rue Réaumur (3ᵉ) • Ⓜ Arts-et-Métiers
Tél. 01 42 72 69 25
Fermé samedi et dimanche. Accueil jusqu'à 22 h 30.

**17 €** pour le *Boudin basque, servi avec un croustillant pommes et oignons et une purée maison.*
Prix moyen d'un repas tout compris : **50 €**

## BEURRE NOISETTE

68, rue Vasco-de-Gama (15ᵉ) • Ⓜ Lourmel ou Porte-de-Versailles
Tél. 01 48 56 82 49
Fermé dimanche et lundi. Accueil jusqu'à 22 h 30.

**10 €** pour le *Boudin.*
Prix moyen d'un repas tout compris : **40 €**

## ETC...

2, rue Lapérouse (16ᵉ) • Ⓜ Kléber
Tél. 01 49 52 10 10
Fermé samedi midi et dimanche. Accueil jusqu'à 22 h.

**38 €** pour le *Boudin maison.*
Prix moyen d'un repas : **90 €**

## ÉVASION

7, place Saint-Augustin (8ᵉ) • Ⓜ Saint-Augustin
Tél. 01 45 22 66 20
Fermé samedi et dimanche. Accueil jusqu'à 22 h 30.

**23 €** pour le *Boudin noir de l'ami Hugo Desnoyers, servi avec de la purée.*
Prix moyen d'un repas tout compris : **75 €**

## LA FONTAINE DE MARS

129, rue Saint-Dominique (7ᵉ) • Ⓜ École-Militaire ou Alma-Marceau
Tél. 01 47 05 46 44
Ouvert tous les jours. Accueil jusqu'à 23 h.

17 € pour le *Boudin basque de Christian Parra aux pommes fruits.*
Prix moyen d'un repas tout compris : **50 €**

## AUX LYONNAIS
32, rue Saint-Marc (2ᵉ) • Ⓜ Richelieu-Drouot ou Bourse
Tél. 01 42 96 65 04
Fermé samedi midi, dimanche et lundi. Accueil jusqu'à 23 h.

**30 € (dans le menu du jour) pour le** *Boudin noir de l'Auberge Iparla à notre façon.*
Prix moyen d'un repas tout compris : **60 €**

## LE POUILLY-REUILLY
68, rue André-Joineau (Le Pré-Saint-Gervais – 93) • Ⓜ Hoche
Tél. 01 48 45 14 59
Fermé samedi midi et dimanche. Accueil jusqu'à 21 h 45.

17 € pour le *Boudin avec marmelade pommes-poires.*
Prix moyen d'un repas tout compris : **60 €**

## LE TERROIR
11, boulevard Arago (13ᵉ) • Ⓜ Les Gobelins
Tél. 01 47 07 36 99
Fermé samedi et dimanche. Accueil jusqu'à 22 h 15.

22 € pour le *Boudin.*
Prix moyen d'un repas tout compris : **75 €**

# Bouillabaisse

C'est à l'origine une soupe des calanques,
de Marseille à Martigues, une soupe
de poissons de roche servie
avec du Saint-Pierre, de la rascasse,
de la baudroie, du congre, du grondin, de la vive

et des étrilles, ainsi que divers poissons de roche pour le fond. Enfin, une sauce rouille. Les poissons ne doivent être desarêtés qu'après cuisson.

## L'AFFICHE
48, rue de Moscou (8ᵉ) • Ⓜ Rome, Europe ou Liège
Tél. 01 45 22 02 20
Fermé samedi midi et dimanche. Accueil jusqu'à 22 h 30.

19 € pour la *Bouillabaisse*.
Prix moyen d'un repas tout compris : **40 €**

## LE DÔME
108, boulevard du Montparnasse (14ᵉ) • Ⓜ Vavin
Tél. 01 43 35 25 81
Ouvert tous les jours. Accueil jusqu'à 0 h 15.

**46 € par personne pour la *Bouillabaisse* marseillaise (servie pour deux personnes minimum).**
Prix moyen d'un repas tout compris : **105 €**

## JARRASSE
4, avenue de Madrid (Neuilly-sur-Seine – 92) • Ⓜ Pont-de-Neuilly
Tél. 01 46 24 07 56
Ouvert tous les jours. Accueil jusqu'à 22 h 30.

**50 € pour la *Bouillabaisse* (sur commande).**
Prix moyen d'un repas tout compris : **110 €**

## CHEZ MARIUS
82, boulevard Murat (16ᵉ) • Ⓜ Porte-de-Saint-Cloud
Tél. 01 46 51 67 80
Fermé samedi midi et dimanche. Accueil jusqu'à 22 h 30.

**33 € pour la *Bouillabaisse*.**
Prix moyen d'un repas tout compris : **90 €**

## LA MÉDITERRANÉE

2, place de l'Odéon (6ᵉ) • Ⓜ Odéon
Tél. 01 43 26 02 30
Ouvert tous les jours. Accueil jusqu'à 23 h.

29 € pour la *Bouillabaisse de la Méditerranée*.
Prix moyen d'un repas tout compris : 65 €

## LA TABLE DES OLIVIERS

38, rue Laugier (17ᵉ) • Ⓜ Pereire ou Ternes
Tél. 01 47 63 85 51
Fermé samedi midi, dimanche et lundi midi. Accueil jusqu'à 23 h 30.

32 € pour la *Bouillabaisse de Marseille*.
Prix moyen d'un repas tout compris : 50 €

# Blanquette de veau

C'est un plat mijoté tout à fait léger et raffiné.
Il sera réussi si les règles de base
sont respectées : on doit employer
ou du tendron, ce que je préfère, ou du tendron
et de l'épaule. On doit faire, après cuisson,
une liaison à l'œuf et à la crème fraîche. Posez
donc ces deux questions avant de commander
au restaurant une blanquette, soi-disant
« à l'ancienne », on verra que vous savez
ce qu'est une bonne blanquette.

## RUE BALZAC

3-5, rue Balzac (8ᵉ) • Ⓜ George-V
Tél. 01 53 89 90 91
Fermé samedi midi et dimanche midi. Accueil jusqu'à 23 h 30.

De 20 € à 25 € pour la *Blanquette de veau* (servie uniquement en hiver).
Prix moyen d'un repas tout compris : **60 €**

## LE CAMÉLÉON

6, rue de Chevreuse (6ᵉ) • Ⓜ Vavin
Tél. 01 43 27 43 27
Fermé dimanche et lundi. Accueil jusqu'à 22 h 30.

*Blanquette de veau* (servie en plat du jour dans le menu déjeuner à 33 €).
Prix moyen d'un repas tout compris : **75 €**

## AUX CHARPENTIERS

10, rue Mabillon (6ᵉ) • Ⓜ Saint-Germain-des-Prés, Odéon
ou Saint-Sulpice
Tél. 01 43 26 30 05
Ouvert tous les jours. Accueil jusqu'à 23 h 30.

21 € pour la *Blanquette de veau de lait*.
Prix moyen d'un repas tout compris : **50 €**

## LES PETITES SORCIÈRES

12, rue Liancourt (14ᵉ) • Ⓜ Denfert-Rochereau
Tél. 01 43 21 95 68
Fermé dimanche et lundi. Accueil jusqu'à 23 h.

22 € Pour la *Blanquette de veau*.
Prix moyen d'un repas tout compris : **55 €**

## CHEZ RENÉ

14, boulevard Saint-Germain (5ᵉ) • Ⓜ Maubert-Mutualité
ou Cardinal-Lemoine
Tél. 01 43 54 30 23
Fermé dimanche et lundi. Accueil jusqu'à 23 h.

14,50 € pour la *Blanquette de veau*.
Prix moyen d'un repas tout compris : **45 €**.

# Brandade de morue Parmentier

Assurez-vous qu'il s'agit bien de morue achetée salée par le cuisinier et dessalée par lui puis pochée et effeuillée, et non de cabillaud (c'est la morue fraîche...) même s'il a été salé quelques jours. Le fond du plat sera garni de brandade de morue à l'huile d'olive et à l'ail puis recouverte d'une couche aussi épaisse de pommes de terre écrasées ou en purée. Le plat sera gratiné au four avant de servir, sans fromage. Délicieux avec une salade verte.

## AUBERGE LE QUINCY

28, avenue Ledru-Rollin (12e) • Ⓜ Gare-de-Lyon ou Quai-de-la-Râpée
Tél. 01 46 28 46 76
Fermé samedi, dimanche et lundi. Accueil jusqu'à 22 h.

___

**23 €** pour la *Brandade de morue*.
Prix moyen d'un repas tout compris : **65 €**

## LE COMPTOIR

Hôtel-du-Relais 9, carrefour de l'Odéon (6e) • Ⓜ Odéon
Tél. 01 44 27 07 97
Ouvert tous les jours. Accueil jusqu'à 22 h en semaine et 23 h le week-end.

___

**18 €** pour la *Brandade de morue Parmentier*.
Prix moyen d'un repas tout compris : **35 €** au déjeuner et **70 €** au dîner.

## LE MESTURET

77, rue de Richelieu (2ᵉ) • Ⓜ Bourse ou Quatre-Septembre
Tél. 01 42 97 40 68
Fermé samedi midi et dimanche. Accueil jusqu'à 22 h 30.

14 € pour la *Brandade de morue*.
Prix moyen d'un repas tout compris : **35** €

## LES PAPILLES

30, rue Gay-Lussac (5ᵉ) • Ⓜ Odéon
Tél. 01 43 25 20 79
Fermé dimanche et lundi. Accueil jusqu'à 22 h 30.

16 € pour la *Brandade de morue parmentière et son bol de roquette*.
Prix moyen d'un repas tout compris : **45** €

## LE SAINT-VINCENT

26, rue de la Croix-Nivert (15ᵉ) • Ⓜ Cambronne
Tél. 01 47 34 14 94
Fermé le dimanche. Accueil jusqu'à 23 h.

14 € pour la *Brandade de morue*.
Prix moyen d'un repas tout compris : **50** €

## LE SOLEIL

109, avenue Michelet (Saint-Ouen – 93) • Ⓜ Porte-de-Clignancourt
Tél. 01 40 10 08 08
Ouvert tous les jours uniquement le midi. Accueil jusqu'à 14 h 30.

22 € pour la *Brandade de morue*.
Prix moyen d'un repas tout compris : **50** €

## LE VILLARET

13, rue Ternaux (11ᵉ) • Ⓜ Parmentier ou Oberkampf
Tél. 01 43 57 89 76
Fermé samedi midi et dimanche. Accueil jusqu'à 23 h.

18 € pour la *Brandade de morue Parmentier*, ou dans la formule
à 22 €, ou le menu à 27 €.
Prix moyen d'un repas tout compris : **40** €

# Canard laqué pékinois

Une des plus grandes recettes de la cuisine chinoise, une des plus grandes recettes de la cuisine mondiale. Impossible de trouver l'authentique à Paris. Il faut en effet un canard d'une race spéciale (de Pékin), que le canard soit engraissé avant d'être abattu et qu'on lui fasse subir un certain nombre d'étapes : gonfler la peau après l'avoir décollée de la chair, laquer la peau, remplir le canard d'eau et le faire cuire pendu sur une broche tournante dans un four genre four à pain chauffé au bois de fruitier... Tout cela étant, le plus près de la vérité est celui de *Vong*, aux Halles...

## LE BONHEUR DE CHINE

4, allée Aristide-Maillol face au 35, avenue Jean-Jaurès (Rueil-Malmaison – 92) • RER A Rueil-Malmaison
Tél. 01 47 49 88 88
Fermé le lundi. Accueil jusqu'à 22 h.

---

65 € pour le *Demi-Canard laqué pékinois en trois services* (la peau servie avec des crêpes de riz fines, ciboulette et sauce caramélisée/la chair sautée aux nouilles chinoises/la soupe de canard).
Prix moyen d'un repas tout compris : 105 €

## CHEN

15, rue du Théâtre (15e) • Ⓜ Charles-Michels ou Bir-Hakeim
Tél. 01 45 79 34 34
Fermé le dimanche. Accueil jusqu'à 22 h 30.

---

75 € le *Canard laqué pékinois* (pour deux personnes).
Prix moyen d'un repas tout compris : 70 €

## TANG

125, rue de la Tour (16ᵉ) • Ⓜ Rue-de-la-Pompe
Tél. 01 45 04 35 35
Fermé dimanche et lundi. Accueil jusqu'à 23 h.

136 € pour le *Canard laqué pékinois entier*; 75 € *pour le demi-canard laqué pékinois (servi en deux services).*
Prix moyen d'un repas tout compris : **95 €**

## CHEZ VONG

10, rue de la Grande-Truanderie (1ᵉʳ) • Ⓜ Étienne-Marcel
Tél. 01 40 39 99 89
Fermé le dimanche. Accueil jusqu'à 23 h 30.

94 € pour le *Canard laqué à la pékinoise en deux services* (pour deux personnes).
Prix moyen d'un repas tout compris : **65 €**

# Cassoulet

Un des plus grands plats de notre cuisine régionale. Peu importe qu'il soit à la mode de Castelnaudary (jarret et travers de porc, saucisson et confit d'oie), de Toulouse (épaule et collier d'agneau, jambon cru, échine et travers) ou de Carcassonne (saucisse, confit d'oie, souvent perdrix et côtelettes de porc). Le plus important est le choix des haricots blancs et leur cuisson longue avec des couennes pour nourrir de gras les haricots.

## AUBERGE PYRÉNÉES CÉVENNES

106, rue de la Folie-Méricourt (11ᵉ) • Ⓜ République
Tél. 01 43 57 33 78
Fermé samedi midi et dimanche. Accueil jusqu'à 22 h.

19,90 € pour le *Cassoulet.*
Prix moyen d'un repas tout compris : **45 €**

# BENOIT

20, rue Saint-Martin (4e) · Ⓜ Hôtel-de-Ville
Tél. 01 42 72 25 76
Ouvert tous les jours. Accueil jusqu'à 22 h.

26 € pour le *Cassoulet maison haricots blancs.*
Prix moyen d'un repas tout compris : **105 €**

# BISTROT DE L'OULETTE

38, rue des Tournelles (4e) · Ⓜ Bastille ou Chemin-Vert
Tél. 01 42 71 43 33
Fermé samedi midi et dimanche. Accueil jusqu'à minuit.

19 € pour le *Cassoulet maison au confit* ou en formule à 26 €,
ou dans le menu à 34 €.
Prix moyen d'un repas tout compris : **55 €**

# LA CLOSERIE DES LILAS

171, boulevard du Montparnasse (6e) · Ⓜ Vavin ou RER B Port-Royal
Tél. 01 40 51 34 50
Ouvert tous les jours. Accueil jusqu'à 23 h 30.

19 € pour le *Cassoulet* (servi le jeudi l'hiver).
Prix moyen d'un repas tout compris : **70 €**

# LA FONTAINE DE MARS

129, rue Saint-Dominique (7e) · Ⓜ École-Militaire ou Alma-Marceau
Tél. 01 47 05 46 44
Ouvert tous les jours. Accueil jusqu'à 23 h.

26 € pour le *Cassoulet.*
Prix moyen d'un repas tout compris : **50 €**

# LE GASTROQUET

10, rue Desnouettes (15e) · Ⓜ Convention ou Porte-de-Versailles
Tél. 01 48 28 60 91
Fermé le dimanche l'hiver et le week-end en été. Accueil jusqu'à 23 h.

27 € pour le *Cassoulet mijoté à la graisse d'oie* (servi en hiver).
Prix moyen d'un repas tout compris : **40 €**

## J'GO

4, rue Drouot (9e) • Ⓜ Richelieu-Drouot ou Le Peletier
Tél. 01 40 22 09 09
Fermé le dimanche. Accueil jusqu'à 0 h 30.

21 € pour le *Cassoulet de haricots tarbais aux deux confits (porc
et canard)*.
Prix moyen d'un repas tout compris : **45 €**

## AU TROU GASCON

40, rue Taine (12e) • Ⓜ Daumesnil
Tél. 01 43 44 34 26
Fermé samedi et dimanche. Accueil jusqu'à 22 h.

28 € pour le *Cassoulet « Trou Gascon » aux haricots de maïs,
confit de canard, côte d'agneau et saucisses de couennes*.
Prix moyen d'un repas tout compris : **85 €**

## LE VIOLON D'INGRES

135, rue Saint-Dominique (7e) • Ⓜ École-Militaire
Tél. 01 45 55 15 05
Fermé dimanche et lundi. Accueil jusqu'à 22 h 30.

Dans le menu à **48 €** pour le *Cassoulet*.
Prix moyen d'un repas tout compris : **75 €**

# caviar

Difficile de s'y retrouver de nos jours :
on propose du caviar d'Iran
(toujours le meilleur, choisir de préférence
l'osciètre royal), d'Aquitaine (plutôt bon

mais un peu fade), du Kazakhstan ou même des États-Unis (Chez *Pétrossian*). La mode veut que les restaurants de luxe, les palaces en particulier, proposent des recettes « avec » du caviar. C'est un produit merveilleux mais qui doit être dégusté seul, pour lui-même.

## CAVIAR KASPIA

17, place de la Madeleine (8e) • Ⓜ Madeleine
Tél. 01 42 65 33 32
Fermé dimanche. Accueil jusqu'à 1 h.

---

À partir de 69 € pour les *30 g de caviar d'élevage (Baccari, Imperial Berri, esturgeon blanc)* ; à partir de 129 € pour les *25 g de Caviar sauvage (sevruga, osciètre, beluga)* ; 70 € pour les *Pommes de terre Baccari* ; 130 € pour l'*Œuf poché au rief avec caviar sauvage Sevruga*.
Prix moyen d'un repas tout compris : **100 €**

## LA MAISON DU CAVIAR

21, rue Quentin-Bauchart (8e) • Ⓜ George-V
Tél. 01 47 23 53 43
Ouvert tous les jours. Accueil jusqu'à 1 h.

---

880 € pour les *100 g de beluga* ; 680 € pour les *100 g de caviar osciètre gros grain extra* ; 620 € les *100 g de osciètre classique* ; 260 € pour les *100 g de caviar beary français* ; 280 € pour les *100 g de caviar transmontanus*.
Prix moyen d'un repas tout compris : **100 €** sans caviar.

## PRUNIER

16, avenue Victor-Hugo (16e) • Ⓜ Charles-de-Gaulle-Étoile
Tél. 01 44 17 35 85
Fermé le dimanche. Accueil jusqu'à 23 h.

---

55 € (le plat) pour les *Asperges vertes au caviar* ; l'*Œuf coque au caviar et les pommes de terre rattes au caviar* ; la *Géline de Touraine au caviar molossol* ; les *Fraises des bois*.
Prix moyen d'un repas tout compris : **130 €** sans caviar.

## RESTAURANT PÉTROSSIAN

18, boulevard de La Tour-Maubourg (7ᵉ) • Ⓜ Invalides
Tél. 01 44 11 32 32
Fermé dimanche et lundi. Accueil jusqu'à 20 h et 21 h le jeudi.

---

65 € les *30 g de caviar d'élevage*; 159 € les *30 g d'osciètre royal*; 185 € les 30 g de beluga royal; 62 € pour les *Coquilles Saint-Jacques au caviar alverta*; 39 € pour *l'Œuf Pétrossian alverta*.
Prix moyen d'un repas tout compris: 65 € sans caviar.

# Champignons

Beaucoup de restaurants parisiens proposent
des cèpes ou des morilles en saison.
Parmi les champignons cultivés, le champignon
de Paris est à notre avis le meilleur,
et plus goûteux que les pleurotes,
sans intérêt parce que fades.
Roland Durand est un des rares spécialistes
à Paris des champignons sauvages.

## LE PASSIFLORE

33, rue de Longchamp (16ᵉ) • Ⓜ Trocadéro, Boissière ou Iéna
Tél. 01 47 04 96 81
Fermé samedi midi, dimanche et lundi midi. Accueil jusqu'à
22 h 30.

---

25 € pour la *Poêlée de cèpes à la cive et au lard croustillant du Cantal (selon le marché)*; 28 € pour les *Ravioles de foie gras aux morilles*; 28 € pour les *Morilles farcies*; 22 € pour la *Vichyssoise de champignons aux amandes fraîches*.
Prix moyen d'un repas tout compris: 75 €

# Charcuterie

On sert dans beaucoup de restaurants parisiens des assiettes de charcuteries, différentes selon leur origine. De France, on propose surtout toutes sortes de saucissons crus. Ils doivent être hachés grossièrement, mélangés à beaucoup de lard et consommés ni trop secs, ni trop frais. Les jambons viennent surtout du Pays Basque, ils sont très irréguliers de qualité (le porc noir de bigorre est une merveille) et d'Auvergne. Les charcuteries italiennes, c'est avant tout le jambon de Parme et le San Daniele, et le moelleux et goûteux culatello dans la partie noble du jambon. On aime beaucoup la mortadelle, difficile à trouver d'origine et, bien sûr le salami. Reste que le jambon espagnol Pata Negra est le roi des jambons crus, Bellota-Bellota ou le célèbre et rare Jabugo. On le mangera en lichettes bien persillées avec un verre de Jerez.

## BELLOTA-BELLOTA

18, rue Jean-Nicot (7ᵉ) • Ⓜ Invalides
Tél. 01 53 59 96 96
Fermé dimanche et lundi. Accueil jusqu'à 23 h.

---

38 € pour la *Trilogie (dégustation de trois grands crus de jambon Bellota-Bellota)*.
Prix moyen d'un repas tout compris : **65 €**

## LE COMPTOIR

Hôtel-du-Relais 9, carrefour de l'Odéon (6ᵉ) • Ⓜ Odéon
Tél. 01 44 27 07 97
Ouvert tous les jours. Accueil jusqu'à 22 h en semaine et 23 h le week-end.

7 € pour le *Plateau de cochonnaille.*
Prix moyen d'un repas tout compris : **35 €** au déjeuner et **70 €** au dîner.

## DA ROSA

62, rue de Seine (6ᵉ) • Ⓜ Odéon
Tél. 01 40 51 00 09
Ouvert tous les jours. Accueil jusqu'à 23 h.

13 € pour les *Tapas au jambon.*
Prix moyen d'un repas tout compris : **40 €**

## EMPORIO ARMANI CAFFÉ

149, boulevard Saint-Germain (6ᵉ) • Ⓜ Saint-Germain-des-Prés
Tél. 01 45 48 62 15
Fermé le dimanche. Accueil jusqu'à 23 h 30.

28 € pour le *Jambon grande réserve de Zibello.*
Prix moyen d'un repas tout compris : **75 €**

## SARDEGNA A TAVOLA

1, rue de Cotte (12ᵉ) • Ⓜ Ledru-Rollin
Tél. 01 44 75 03 28
Fermé dimanche et lundi midi. Accueil jusqu'à 22 h 30.

18 € pour la *Planche de charcuterie Sardes.*
Prix moyen d'un repas tout compris : **45 €**

## LE TERROIR

11, boulevard Arago (13ᵉ) • Ⓜ Les Gobelins
Tél. 01 47 07 36 99
Fermé samedi et dimanche. Accueil jusqu'à 22 h 15.

20 € pour le *Plateau de sept sortes de saucissons.*
Prix moyen d'un repas tout compris : **75 €**

## LE VERRE VOLÉ

67, rue de Lancry (10ᵉ) • Ⓜ Jacques-Bonsergent
Tél. 01 48 03 17 34
Ouvert tous les jours. Accueil jusqu'à 23 h.

11 € pour *l'Assiette de charcuterie* ou *l'Assiette mixte (charcuterie + fromage).*
Prix moyen d'un repas tout compris : **35 €**

# Chou farci

Délicieux plat rustique, qu'il soit farci
de chair à saucisse, de bœuf
ou en saison de hachis de gibier.

## L'ACCOLADE

23, rue Guillaume Tell (17ᵉ) • Ⓜ Porte-de-Champerret ou Pereire
Tél. 01 42 67 12 67
Fermé dimanche et lundi. Accueil jusqu'à 22 h 30
et 23 h le vendredi et le samedi.

*Chou farci*, inclus dans le menu-carte à 32 € ou dans la formule
à 28 €.
Prix moyen d'un repas tout compris : **35 €**

## L'AMBASSADE D'AUVERGNE

22, rue du Grenier-Saint-Lazare (3ᵉ) • Ⓜ Rambuteau
Tél. 01 42 72 31 22
Ouvert tous les jours. Accueil jusqu'à 22 h.

15 € pour le *Mille-feuilles de chou farci* (servi en hiver).
Prix moyen d'un repas tout compris : **40 €**

## AUBERGE LE QUINCY

28, avenue Ledru-Rollin (12ᵉ) • Ⓜ Gare-de-Lyon ou Quai-de-la-Râpée
Tél. 01 46 28 46 76
Fermé samedi, dimanche et lundi. Accueil jusqu'à 22 h.

22 € pour le *Chou farci.*
Prix moyen d'un repas tout compris : **65 €**

## LE FLORIMOND

19, avenue de La Motte-Picquet (7$^e$) • Ⓜ École-Militaire
Tél. 01 45 55 40 38
Fermé samedi midi, dimanche et les 1$^{er}$ et 3$^e$ samedis du mois.
Accueil jusqu'à 22 h 15.

---

20 € pour le *Chou farci « recette de ma grand-mère »* ou dans le menu à 36 €.
Prix moyen d'un repas tout compris : **50 €**

## LE PAPRIKA

28, avenue Trudaine (9$^e$) • Ⓜ Anvers ou Pigalle
Tél. 01 44 63 02 91
Ouvert tous les jours. Accueil jusqu'à 23 h 30.

---

18 € pour le *Chou farci*.
Prix moyen d'un repas tout compris : **45 €**

# Choucroute

Célèbre dans le monde entier, ce plat alsacien proposé dans la plupart des brasseries alsaciennes de Paris demande une choucroute légèrement croquante, un peu acide, pas grasse, servie avec des charcuteries de qualité : jarret, knack, saucisse de Strasbourg, échine, etc. La choucroute légume est très légère, elle peut être accompagnée de perdreaux (il y en a encore en Alsace, en Belgique ou en Espagne). L'accompagnement parfait est une bonne bière pression ou un riesling alsacien.

## L'ALSACO

10, rue Condorcet (9$^e$) • Ⓜ Poissonnière
Tél. 01 45 26 44 31
Fermé samedi midi et dimanche. Accueil jusqu'à 23 h.

De 18 € à 20 € pour la *Choucroute*.
Prix moyen d'un repas tout compris : **45 €**

## BOFINGER

5-7, rue de la Bastille (4ᵉ) • Ⓜ Bastille
Tél. 01 42 72 87 82
Ouvert tous les jours. Accueil jusqu'à 0 h 30.

19 € pour la *Choucroute paysanne*.
Prix moyen d'un repas tout compris : **55 €**

## BRASSERIE DE L'ISLE SAINT-LOUIS

55, quai Bourbon (4ᵉ) • Ⓜ Pont-Marie ou Cité
Tél. 01 43 54 02 59
Fermé le mercredi. Accueil jusqu'à minuit.

17,50 € pour la *Choucroute garnie*.
Prix moyen d'un repas tout compris : **45 €**

## BRASSERIE FLO

7, cour des Petites-Écuries (10ᵉ) • Ⓜ Château-d'Eau
Tél. 01 47 70 13 59
Ouvert tous les jours. Accueil jusqu'à minuit.

20 € pour la *Choucroute spéciale « saucisses de Francfort et Montbéliard, poitrine fumée et carré de porc »* ;
21 € la *Choucroute paysanne (avec un demi-jarret)*.
Prix moyen d'un repas tout compris : **50 €**

## CHEZ JENNY

39, boulevard du Temple (3ᵉ) • Ⓜ République
Tél. 01 44 54 39 00
Ouvert tous les jours. Accueil jusqu'à minuit en semaine et 1 h le week-end.

20,50 € pour la *Choucroute Jenny* ; 24,50 € pour la *Choucroute royale au champagne*.
Prix moyen d'un repas tout compris : **50 €**

## TERMINUS NORD

23, rue de Dunkerque (10ᵉ) • Ⓜ Gare-du-Nord
Tél. 01 42 85 05 15
Ouvert tous les jours. Accueil jusqu'à 1 h.

19 € pour la *Choucroute au jarret fumé* ; 20 € pour la *Choucroute paysanne* ; 18 € pour la *Choucroute Terminus Nord*.
Prix moyen d'un repas tout compris : 55 €.

# club sandwich

Cela a l'air simple, un club-sandwich, et ça ne l'est pas. C'est en général dans les grands hôtels qu'ils sont les meilleurs et dans les restaurants des frères Costes. Une des difficultés vient du fait qu'ils doivent être dressés pour chaque client : le pain de mie grillé servi encore tiède. C'est le plat culte de tous les gens qui voyagent. Dans tous les palaces du monde, on trouve les plus vrais et les meilleurs, préparés de surcroît (c'est indispensable) juste avant de servir. Sa composition : trois tranches de pain de mie blanc grillées sans croûte, un œuf dur en tranches, de fines tranches de tomate, du blanc de poulet émincé, de la chiffonnade de laitue, de la mayonnaise moutardée. Le club-sandwich est servi avec deux tranches de lard de poitrine croustillantes servies à part dans l'assiette. Dans les bars des palaces parisiens, on pourra déjeuner d'un club-sandwich. Il est parfois proposé au homard ou végétarien.

## LE BAR GALERIE

Hôtel George-V – 31, avenue George-V (8ᵉ) • Ⓜ George-V
Tél. 01 49 52 70 06
Ouvert tous les jours. Accueil jusqu'à 1 h 30 et 2 h 30 le vendredi
et samedi.

---

36 € pour le *Traditionnel poulet et bacon*; 67 € pour le *Club
sandwich au homard*; 29 € le *Maraîcher (entièrement végétarien,
toasts et légumes)*.
Prix moyen d'un repas tout compris : **70 €**

## CAFÉ DE L'ESPLANADE

52, rue Fabert (7ᵉ) • Ⓜ La Tour-Maubourg
Tél. 01 47 05 38 80
Ouvert tous les jours. Accueil jusqu'à 2 h.

---

18 € pour le *Club sandwich classique*; 22 € pour le *Club
sandwich au saumon*.
Prix moyen d'un repas tout compris : **65 €**

## DUKE'S BAR

Hôtel Westminster – 13, rue de la Paix (2ᵉ) • Ⓜ Opéra
Tél. 01 42 61 57 46
Ouvert tous les jours. Accueil jusqu'à 1 h.

---

24 € pour le *Club sandwich au saumon*; 21 € le *Classique*.
Prix moyen d'un repas tout compris : **40 €**

## GALERIE DES GOBELINS

Hôtel Plaza-Athénée • Ⓜ Alma-Marceau
Tél. 01 53 67 64 00
Ouvert tous les jours. Accueil jusqu'à 23 h.

---

29 € pour le *Club sandwich*.
Prix moyen d'un repas tout compris : **45 €**

## HARRY'S BAR

5, rue Daunou (2ᵉ) • Ⓜ Opéra
Tél. 01 42 61 71 14
Ouvert tous les jours. Accueil jusqu'à 3 h sauf le dimanche et lundi.

Dans la formule à 18,50 € pour le *Club sandwich*.
Prix moyen d'un repas : 20 €

## HÔTEL PARK HYATT PARIS-VENDÔME

5, rue de la Paix (2$^e$) • Ⓜ Opéra ou Madeleine
Tél. 01 58 71 12 34
Ouvert tous les jours. Accueil jusqu'à 23 h.

29 € pour le *Club sandwich au poulet* ; 35 € pour le *Club sandwich au homard*.
Prix moyen d'un repas tout compris : 170 €

## LINA'S

Galeries Lafayette Haussmann (5$^e$ étage) - 40, boulevard
Haussmann (9$^e$) • Ⓜ Chaussée-d'Antin ou RER A Auber
Tél. 01 45 26 41 72
Fermé le dimanche. Accueil jusqu'à 18 h 45

6,95 € pour le *Club sandwich*.
Prix moyen d'un repas tout compris : 35 €

# Confit de canard

Célèbre dans tout le Sud-Ouest, il s'agit de canard
débité en quartiers et cuit dans sa graisse. Puis
conservé dans cette même graisse pendant de
longs mois pour que la viande soit bien moelleuse
et goûteuse. On le mangera seul, froid ou chaud.
J'aime bien l'accompagner de salade frisée aux
croûtons aillés. Dans les restaurants, et
contrairement aux apparences, on se méfiera du
confit « maison » qui la plupart du temps
est trop frais, n'ayant pas séjourné
assez longtemps dans la graisse.

Côte de bœuf – Entrecôte

## BISTROT DE L'OULETTE

38, rue des Tournelles (4e) • Ⓜ Bastille ou Chemin-Vert
Tél. 01 42 71 43 33
Fermé samedi midi et dimanche. Accueil jusqu'à minuit.

19 € pour le *Confit de canard, gratin de pommes de terre.*
Prix moyen d'un repas tout compris : **55 €**

## L'ÉCUREUIL, L'OIE ET LE CANARD

3, rue Linné (5e) • Ⓜ Jussieu
Tél. 01 43 31 61 18
Ouvert tous les jours. Accueil jusqu'à 22 h 30.

17 € pour le *Confit de canard.*
Prix moyen d'un repas tout compris : **50 €**

## AU TROU GASCON

40, rue Taine (12e) • Ⓜ Daumesnil
Tél. 01 43 44 34 26
Fermé samedi et dimanche. Accueil jusqu'à 22 h.

28 € pour le *Confit de canard.*
Prix moyen d'un repas tout compris : **85 €**

# Côte de bœuf – Entrecôte

Pour qui aime le bœuf, ce sont à notre goût les deux meilleurs morceaux à griller ou à poêler. Le filet n'a guère de goût. On l'aime parce qu'il est tendre... Il faut une viande de belle origine : française. On aimera entre autres la blonde d'Aquitaine, la normande, la Salers ou l'Aubrac. On évitera le charolais qui est une race et non un territoire. Cependant des éleveurs de cette région se battent actuellement pour faire reconnaître le bœuf de Charolles. De l'étranger on aimera la Simmental de Bavière ou l'Angus. Avant tout, il importe que la viande soit bien persillée pour avoir du goût et qu'elle ait «mûri» trois semaines en carcasse pour être tendre.

## LA BASTIDE ODÉON

7, rue Corneille (6ᵉ) • Ⓜ Odéon ou RER B Luxembourg
Tél. 0143260365
Fermé dimanche et lundi. Accueil jusqu'à 22 h 30.

---

31 € (par personne) pour la *Côte de bœuf Hereford Prime de 900 g.*
Prix moyen d'un repas tout compris : **55 €**

## AU BŒUF COURONNÉ

188, avenue Jean-Jaurès (19ᵉ) • Ⓜ Porte-de-Pantin
Tél. 0142394444
Ouvert tous les jours. Accueil jusqu'à minuit.

---

**68,50 €** pour la *Côte de bœuf grillée* (pour deux personnes).
Prix moyen d'un repas tout compris : **55 €**

## LES COLONNES

65, rue du Général-Leclerc (Issy-les-Moulineaux – 92) •
Ⓜ Mairie-d'Issy
Tél. 0146422533
Fermé le dimanche. Fermé le soir.

---

23 € pour l'*Entrecôte de Salers ou d'Aubrac* ;
16 € pour l'*Entrecôte de cochon.*
Prix moyen d'un repas tout compris : **40 €**

## CRISTAL DE SEL

13, rue Mademoiselle (15ᵉ) • Ⓜ Commerce ou Félix-Faure
Tél. 0142503529
Fermé dimanche et lundi. Accueil jusqu'à 22 h 30.

60 € pour la *Côte de bœuf Simmental avec pommes grenailles confites au beurre demi-sel* (pour deux personnes).
Prix moyen d'un repas tout compris : **65** €

## LE GORGEON

42, avenue Victor-Hugo (Boulogne-Billancourt – 92) • Ⓜ Marcel-Sembat ou Boulogne-Jean-Jaurès
Tél. 0146051127
Fermé samedi et dimanche. Accueil jusqu'à 22 h.

26 € pour *l'Entrecôte de bœuf* (environ 360 g), servie avec des frites.
Prix moyen d'un repas tout compris : **40** €

## LE GRAND PAN

20, rue Rosenwald (15ᵉ) • Ⓜ Plaisance ou Convention
Tél. 0142500250
Fermé samedi et dimanche. Accueil jusqu'à 23 h.

50 € pour la *Côte de bœuf blonde d'Aquitaine de Mauléon* (pour deux personnes le soir uniquement).
Prix moyen d'un repas tout compris : **45** €

## LA MARLOTTE

55, rue du Cherche-Midi (6ᵉ) • Ⓜ Saint-Placide ou Sèvres-Babylone
Tél. 0145488679
Ouvert tous les jours jusqu'à 22 h 30.

58 € pour la *Côte de bœuf Hereford Prime Ireland, sauce marchand de vin et os à moelle* (pour deux personnes).
Prix moyen d'un repas tout compris : **45** €

## MAUZAC

7, rue de l'Abbé-de-l'Épée (5ᵉ) • RER B Luxembourg
Tél. 0146337522
Fermé le dimanche toute la journée en hiver et le dimanche soir en été. Accueil jusqu'à 22 h 45.

54 € pour la *Côte de bœuf et son os à moelle (820 g.) avec pommes de terre agria et crème à la ciboulette* (pour deux personnes).
Prix moyen d'un repas tout compris : **40** €

## AU MOULIN À VENT

20, rue des Fossés-Saint-Bernard (5ᵉ) • Ⓜ Jussieu
ou Cardinal-Lemoine
Tél. 01 43 54 99 37
Fermé samedi midi, dimanche et lundi. Accueil jusqu'à 23 h 15.

**60 € pour la** *Côte de bœuf (1 kg), sauce bourguignonne*
**(pour deux personnes).**
Prix moyen d'un repas tout compris : **65 €**

## L'OPPORTUN

62, boulevard Edgar-Quinet (14ᵉ) • Ⓜ Edgar-Quinet
ou Montparnasse-Bienvenüe
Tél. 01 43 20 26 89
Fermé le dimanche. Accueil jusqu'à 23 h.

**82 € pour** *Côte de bœuf* **(1,2 kg pour deux personnes).**
Prix moyen d'un repas tout compris : **50 €**

## BISTROT PAUL BERT

18, rue Paul-Bert (11ᵉ) • Ⓜ Faidherbe-Chaligny
Tél. 01 43 72 24 01
Fermé dimanche et lundi. Accueil jusqu'à 23 h.

**Dans le menu-carte à 54 € (suppl. de 5 €) pour la** *Côte de bœuf.*
Prix moyen d'un repas tout compris : **45 €**

## LE SEVERO

8, rue des Plantes (14ᵉ) • Ⓜ Mouton-Duvernet
Tél. 01 45 40 40 91
Fermé samedi et dimanche. Accueil jusqu'à 22 h 30.

**75 € pour la** *Côte de bœuf* **pour deux personnes et 90 € pour**
**trois personnes**
Prix moyen d'un repas tout compris : **50 €**

## LE TERROIR

11, boulevard Arago (13ᵉ) • Ⓜ Les Gobelins
Tél. 01 47 07 36 99
Fermé samedi et dimanche. Accueil jusqu'à 22 h 15.

60 € pour la *Pièce de bœuf* (1 kg pour deux personnes).
Prix moyen d'un repas tout compris : **75 €**

## LE VIOLON D'INGRES

135, rue Saint-Dominique (7ᵉ) • Ⓜ École-Militaire
Tél. 01 45 55 15 05
Fermé dimanche et lundi. Accueil jusqu'à 22 h 30.

38 € pour la *Côte de bœuf avec gratin de macaroni*.
Prix moyen d'un repas tout compris : **65 €**

## LE VOLANT

13, rue Béatrix-Dussane (15ᵉ) • Ⓜ Dupleix
Tél. 01 45 75 27 67
Fermé le dimanche. Accueil jusqu'à 23 h.

56 € pour la *Côte de bœuf* (pour deux personnes).
Prix moyen d'un repas tout compris : **35 €**

# Couscous

Des centaines, peut-être des milliers
de restaurants à Paris, proposent du couscous.
Bien peu sont dignes de grand intérêt.
Avant tout, il faut que la graine de couscous
soit de qualité irréprochable (celle de Wally,
que l'on déguste sans bouillon avec une noix
de beurre cru nous paraît être la meilleure)
et que le bouillon soit parfait.

## 404 « RESTAURANT FAMILIAL »

69, rue des Gravilliers (3ᵉ) • Ⓜ Arts-et-Métiers
Tél. 01 42 74 57 81
Ouvert tous les jours. Accueil jusqu'à 23 h.

De 14 € à 24 € pour les *Couscous*.
Prix moyen d'un repas tout compris : **35 €**

## L'ATLAS

12, boulevard Saint-Germain (5ᵉ) • Ⓜ Maubert-Mutualité
Tél. 01 44 07 23 66
Fermé lundi et mardi midi. Accueil jusqu'à 23 h.

De 21 € à 23 € selon les *Couscous*.
Prix moyen d'un repas tout compris : **55 €**

## LE CAROUBIER

82, boulevard Lefebvre (15ᵉ) • Ⓜ Porte-de-Vanves
ou Porte-de-Versailles
Tél. 01 40 43 16 12
Fermé le lundi. Accueil jusqu'à 22 h 30.

Dans le menu à 28 € : *Couscous agneau, Couscous poulet, Couscous kefta.*
Dans le menu à 19 € : *Couscous poulet, Couscous merguez, Couscous boulette.*
Prix moyen d'un repas tout compris : **50 €**

## ESSAOUIRA

135, rue du Ranelagh (16ᵉ) • Ⓜ Ranelagh
Tél. 01 45 27 99 93
Fermé dimanche et lundi midi. Accueil jusqu'à 22 h 30.

18 € pour le *Couscous*.
Prix moyen d'un repas tout compris : **55 €**

## LA MAISON DE CHARLY

97, boulevard Gouvion-Saint-Cyr (17ᵉ) • Ⓜ Porte-Maillot
Tél. 01 45 74 34 62
Fermé le lundi. Accueil jusqu'à 23 h.

Dans la formule à 33 € *Couscous Charly*.
Prix moyen d'un repas tout compris : **55 €**

## OUM EL BANINE

16 bis, rue Dufrenoy (16ᵉ) • Ⓜ Porte-Dauphine ou Rue-de-la-Pompe
Tél. 01 45 04 91 22
Fermé le dimanche. Accueil jusqu'à 22 h 30.

De 24 € ou 25 € pour le *Couscous*.
Prix moyen d'un repas tout compris : 50 €

## WALLY LE SAHARIEN

36, rue Rodier (9ᵉ) • Ⓜ Anvers ou Notre-Dame-de-Lorette
Tél. 01 42 85 51 90
Fermé dimanche et lundi. Accueil jusqu'à 23 h.

23 € pour le *Couscous*.
Prix moyen d'un repas tout compris : 50 €

# Côte de veau

Ce n'est pas à vrai dire une recette.
C'est tout simple. La côte de veau dans le filet
est cuite à la poêle dans un mélange beurre
et huile d'abord à feu vif. Quand la côte est bien
dorée, des deux côtés, on la termine à feu doux
pour cuire l'intérieur qui restera rosé à cœur.
Le plus difficile c'est qu'il faut une côte de veau
épaisse, de couleur très pâle et de bonne
origine. Ça, c'est le plus dur. Délicieux
avec des champignons de Paris et des pâtes.

## LE GRAND PAN

20, rue Rosenwald (15ᵉ) • Ⓜ Plaisance ou Convention
Tél. 01 42 50 02 50
Fermé samedi et dimanche. Accueil jusqu'à 23 h.

48 € pour la *Côte de veau de Mauléon* (pour deux personnes, le soir uniquement).
Prix moyen d'un repas tout compris : **45 €**

# Crêpes et galettes

Les crêpes de froment sont servies salées et souvent farcies mais surtout sucrées, nature ou garnies de confiture, de chocolat, ou flambées au Grand Marnier. Les galettes de sarrasin sont salées et farcies de saucisse, œuf au plat, jambon, fromage. Innombrables en Bretagne, c'est aux alentours de la gare Montparnasse que l'on trouve la plus forte concentration de crêperies-restaurants. Normal : il ne faut pas dépayser les nombreux Bretons qui débarquent par cette gare... La crêperie a bénéficié du développement du fast-food. On en trouve de bonnes et même «tendances» comme *Le Breizh Café* dans le Marais.

## BREIZH CAFÉ

109, rue Vieille-du-Temple (3$^e$) • Ⓜ Filles-du-Calvaire
Tél. 01 42 72 13 77
Fermé lundi soir et mardi. Accueil jusqu'à 23 h.

De 3,50 € à 14,50 € pour les *Crêpes et Galettes*.
Prix moyen d'un repas tout compris : **25 €**

## AU BŒUF COURONNÉ

188, avenue Jean-Jaurès (19$^e$) • Ⓜ Porte-de-Pantin
Tél. 01 42 39 44 44
Ouvert tous les jours. Accueil jusqu'à minuit.

10,80 € pour les *Crêpes flambées au Grand Marnier*.
Prix moyen d'un repas tout compris : **55 €**

## LE BŒUF SUR LE TOIT

34, rue du Colisée (8ᵉ) • Ⓜ Saint-Philippe-du-Roule
ou Franklin-D.-Roosevelt
Tél. 01 53 93 65 55
Ouvert tous les jours. Accueil jusqu'à 1 h.

**12 €** pour les *Crêpes flambées au Grand Marnier*.
Prix moyen d'un repas tout compris : **80 €**

## LA CLOSERIE DES LILAS

171, boulevard du Montparnasse (6ᵉ) • Ⓜ Vavin
ou RER B Port-Royal
Tél. 01 40 51 34 50
Ouvert tous les jours. Accueil jusqu'à 23 h 30.

**15 €** pour les *Crêpes flambées au Grand Marnier*.
Prix moyen d'un repas tout compris : **70 €**

## LA COUPOLE

102, boulevard du Montparnasse (14ᵉ) • Ⓜ Vavin
Tél. 01 43 20 14 20
Ouvert tous les jours. Accueil jusqu'à 1 h.

**11 €** pour les *Crêpes flambées au Grand Marnier*.
Prix moyen d'un repas tout compris : **70 €**

## CRÊPERIE SUZETTE

24, rue des Francs-Bourgeois (3ᵉ) • Ⓜ Saint-Paul
Tél. 01 42 72 46 16
Ouvert tous les jours. Accueil jusqu'à 22 h 30 et 23 h le vendredi
et samedi.

**De 4 € à 10 €** pour les *Crêpes et galettes*.
Prix moyen d'un repas : **20 €**

## L'EUROPÉEN

21 bis, boulevard Diderot (12ᵉ) • Ⓜ Gare-de-Lyon
Tél. 01 43 43 99 70
Ouvert tous les jours. Accueil jusqu'à 1 h.

6 € pour les *Crêpes flambées au Grand Marnier*.
Prix moyen d'un repas tout compris : **40 €**

## CHEZ FLOTTES

2, rue Cambon (1ᵉʳ) • Ⓜ Concorde
Tél. 01 42 60 80 89
Ouvert tous les jours. Accueil jusqu'à 0 h 30.

9,50 € pour les *Crêpes flambées au Grand Marnier*.
Prix moyen d'un repas tout compris : **50 €**

## LASSERRE

17, avenue Franklin-Roosevelt (8ᵉ) • Ⓜ Franklin-D.-Roosevelt
ou Champs-Élysées-Clemenceau
Tél. 01 43 59 02 13
Fermé au déjeuner sauf jeudi et vendredi et le dimanche
toute la journée. Accueil jusqu'à 22 h 30.

Environ 25 € pour les *Crêpes Suzette*.
Prix moyen d'un repas tout compris : 240 €

## LE PETIT JOSSELIN

59, rue du Montparnasse (14ᵉ) • Ⓜ Edgar-Quinet
ou Montparnasse-Bienvenüe
Tél. 01 43 22 91 81
Fermé le dimanche. Accueil jusqu'à 23 h et 23 h 30 le vendredi et
samedi.

De 4 € à 10,50 € pour les *Crêpes et galettes*.
Prix moyen d'un repas : **20 €**

## LE PETIT MORBIHAN

20, rue d'Odessa (14ᵉ) • Ⓜ Edgar Quinet
ou Montparnasse-Bienvenüe
Tél. 01 43 22 48 76
Fermé le dimanche. Accueil jusqu'à 23 h 30.

De 4 € à 11,50 € pour les *Crêpes et galettes*.
Prix moyen d'un repas : **15 €**

## SÉBILLON NEUILLY

20, avenue Charles-de-Gaulle (Neuilly-sur-Seine – 92) •
Ⓜ Porte-Maillot
Tél. 01 46 24 71 31
Ouvert tous les jours. Accueil jusqu'à minuit.

10 € pour les *Crêpes flambées au Grand Marnier*.
Prix moyen d'un repas tout compris : **65 €**

## TY BREIZH

54, boulevard Vaugirard (15ᵉ) • Ⓜ Pasteur
ou Montparnasse-Bienvenüe
Tél. 01 43 20 83 72
Fermé dimanche et lundi. Accueil jusqu'à 23 h.

De 3,50 € à 10 € pour les *Crêpes et galettes*.
Prix moyen d'un repas : **15 €**

# Cuisses de grenouilles

C'était, il y a une trentaine d'années,
un des plats incontournables sur une carte
de bistrot parisien. Plus rare de nos jours
et c'est dommage, car la grenouille a une chair
d'une grande finesse. Mais il faut respecter
deux conditions de base : la congélation change
la texture de la grenouille, il faut donc qu'elles
soient fraîches. Deuxième condition :
abandonner cette recette jadis inévitable
« à la provençale », l'ail dominait le goût
de la petite bête. En revanche, la purée de

persil la met en valeur même si on y ajoute un peu d'ail blanchi et en purée. La préparation meunière (avec un bon beurre) est la meilleure qui soit. C'est ainsi qu'on les sert au *Relais Bernard Loiseau* à Saulieu : un régal.

## L'AMI LOUIS

32, rue du Vertbois (3ᵉ) • Ⓜ Arts-et-Métiers
Tél. 01 48 87 77 48
Fermé lundi et mardi. Accueil jusqu'à 23 h 30.

35 € pour les *Cuisses de grenouilles à la provençale.*
Prix moyen d'un repas tout compris : **200 €**

## CHEZ LES ANGES

54, boulevard de La Tour-Maubourg (7ᵉ) • Ⓜ La Tour-Maubourg
Tél. 01 47 05 89 86
Fermé samedi et dimanche. Accueil jusqu'à 22 h 30.

21 € pour les *Cuisses de grenouilles.*
Prix moyen d'un repas tout compris : **80 €**

## AU MOULIN À VENT

20, rue des Fossés-Saint-Bernard (5ᵉ) • Ⓜ Jussieu
ou Cardinal-Lemoine
Tél. 01 43 54 99 37
Fermé samedi midi, dimanche et lundi. Accueil jusqu'à 23 h 15.

27 € pour les *Cuisses de grenouilles en persillade.*
Prix moyen d'un repas tout compris : **60 €**

## LE PRÉ CATELAN

Bois de Boulogne Route de Suresnes (16ᵉ) • Ⓜ Porte-Dauphine
ou Porte-Maillot
Tél. 01 44 14 41 14
Fermé dimanche et lundi. Accueil jusqu'à 22 h.

85 € pour les *Cuisses de grenouilles en trois recettes.*
Prix moyen d'un repas tout compris : **185 €**

# Curry d'agneau

Impossible de savoir pourquoi, jusqu'il y a peu,
ce ragoût d'agneau (épaule, collier, haute côte)
figurait sur les cartes de la plupart des bistrots,
pas plus qu'on ne comprend pourquoi
il a pratiquement disparu de nos jours, proposé
seulement dans les restaurants indiens.
Contrairement à ce qu'on croit, le curry
est un mélange d'épices d'origine indienne
comprenant en tout cas curcuma, coriandre,
cumin et poivre. Ceci explique les importantes
différences de goût, d'un curry à l'autre.
Le meilleur conseiller et fournisseur de curry
à Paris est la *Maison Israël*
(30, rue François-Miron - Paris 4e).

## LA COUPOLE

102, boulevard du Montparnasse (14e) • Ⓜ Vavin
Tél. 01 43 20 14 20
Ouvert tous les jours. Accueil jusqu'à 1 h.

---

**25,50 €** pour le *Curry d'agneau*.
Prix moyen d'un repas tout compris : **70 €**

## YUGARAJ

14, rue Dauphine (6e) • Ⓜ Odéon ou Pont-Neuf
Tél. 01 43 26 44 91
Fermé lundi et jeudi midi. Accueil jusqu'à 22 h 15.

---

**24 €** pour le *Curry d'agneau servi avec du riz*.
Prix moyen d'un repas tout compris : **65 €**

# Escargots

Les deux variétés proposées dans les restaurants sont le petit-gris et l'escargot de Bourgogne, souvent de nos jours importés de l'étranger. En Provence, on les prépare farcis avec du lard, des aromates, de l'ail et de l'huile. Plat typique des bistrots parisiens, ils sont alors farcis de beurre, persil, échalotes et ail. Aujourd'hui plat populaire, on raconte que Carême en préparait pour Talleyrand quand il recevait le tsar de Russie. La recette devait être de saveur plus raffinée qu'aujourd'hui.

## BENOIT

20, rue Saint-Martin (4ᵉ) • Ⓜ Hôtel-de-Ville
Tél. 01 42 72 25 76
Ouvert tous les jours. Accueil jusqu'à 22 h.

22 € pour les *Escargots en coquille, beurre d'ail et fines herbes*.
Prix moyen d'un repas tout compris : **105 €**

## AU BOURGUIGNON DU MARAIS

52, rue François-Miron (4ᵉ) • Ⓜ Saint-Paul, Hôtel-de-Ville
ou Pont-Marie
Tél. 01 48 87 15 40
Fermé dimanche et lundi. Accueil jusqu'à 23 h.

9 € pour les *Six escargots de Bourgogne, ail et persil*.
Prix moyen d'un repas tout compris : **40 €**

## L'ESCARGOT MONTORGUEIL

38, rue Montorgueil (1ᵉʳ) • Ⓜ Les Halles ou Étienne-Marcel
Tél. 01 42 36 83 51
Fermé le samedi midi. Accueil jusqu'à 22 h 30 et 23 h 30 le samedi.

24 € pour les *Escargots de Bourgogne aux trois saveurs.*
Prix moyen d'un repas tout compris : **90 €**

## TANTE MARGUERITE

5, rue de Bourgogne (7e) • Ⓜ Assemblée-Nationale
Tél. 01 45 51 79 42
Fermé samedi et dimanche. Accueil jusqu'à 22 h 30.

14 € pour le *Ragoût d'escargots à l'émulsion d'herbes fraîches.*
Prix moyen d'un repas tout compris : **60 €**

## TOUSTEM

12, rue de l'Hôtel-Colbert (5e) • Ⓜ Maubert-Mutualité
Tél. 01 40 51 99 87
Fermé dimanche et lundi. Accueil jusqu'à 23 h.

16 € pour les *Escargots au beurre aillé, passés au four, servis avec une salade.*
Prix moyen d'un repas tout compris : **60 €**

# Foie gras

Déjà consommé par les Égyptiens il y a 200 ans,
par les Grecs et les Romains, le foie gras
(de canard et très rarement d'oie) est devenu,
de nos jours non pas courant, mais un mets
de fête par excellence. On peut le servir chaud
comme Alain Senderens avec son foie gras
au chou, ou froid comme Michel Guérard
et son foie gras en gelée de poivre mi-cuit,
ou frais (en conserve, c'est un mets de roi mais
il faut plusieurs années de boîte). Beaucoup
de restaurateurs en servent de nos jours. Il doit
être servi bien froid avec du pain grillé tiède,
légèrement poivré au dernier moment. Évitez
l'inutile confiture d'oignons qu'on sert souvent.

## AU COMTE DE GASCOGNE

89, avenue Jean-Baptiste-Clément (Boulogne-Billancourt – 92) •
Ⓜ Pont-de-Saint-Cloud.
Tél. 01 46 03 47 27
Fermé samedi midi, dimanche et lundi soir.
Accueil jusqu'à 22 h 15.

39 € pour le *Foie gras de canard.*
Prix moyen d'un repas tout compris : **140 €**

## HÉLÈNE DARROZE

4, rue d'Assas (6ᵉ) • Ⓜ Sèvres-Babylone
Tél. 01 42 22 00 11
Fermé dimanche et lundi. Accueil jusqu'à 22 h 30.

55 € pour *Deux foies gras confits : foie gras de canard des
Landes, confit aux épices douces, foie gras d'oie des Landes
confit au naturel, chutney de fruits exotiques.*
Prix moyen d'un repas tout compris : **125 €**

## JOSÉPHINE (CHEZ DUMONET)

117, rue du Cherche-Midi (6ᵉ) • Ⓜ Duroc ou Falguière
Tél. 01 45 48 52 40
Fermé samedi et dimanche. Accueil jusqu'à 22 h 30.

---

23 € pour le *Foie gras maison*.
Prix moyen d'un repas tout compris : 60 €

## AU TROU GASCON

40, rue Taine (12ᵉ) • Ⓜ Daumesnil
Tél. 01 43 44 34 26
Fermé samedi et dimanche. Accueil jusqu'à 22 h.

---

22 € pour le *Foie gras poêlé aux raisins, chutney de potimarrons et coriandre*.
Prix moyen d'un repas tout compris : 85 €

# Foie de veau

Doit être très frais, coupé épais et servi saignant. Le foie de veau est un morceau de roi, à la fois moelleux et savoureux. Il se cuisine en tranche ou entier, ce qui est pour nous, bien meilleur. Bien doré sur toutes les faces, il sera servi rosé à l'intérieur. On en trouve autant de préparations dans la cuisine italienne que dans la cuisine française.

## LE CAMÉLÉON

6, rue de Chevreuse (6ᵉ) • Ⓜ Vavin
Tél. 01 43 27 43 27
Fermé dimanche et lundi. Accueil jusqu'à 22 h 30.

---

35 € pour le *Foie de veau*.
Prix moyen d'un repas tout compris : 75 €

## CITRUS ÉTOILE

6, rue Arsène-Houssaye (8ᵉ) • Ⓜ Charles-de-Gaulle Étoile
Tél. 01 42 89 15 51
Fermé samedi et dimanche. Accueil jusqu'à 22 h 30.

30 € pour le *Foie de veau.*
Prix moyen d'un repas tout compris: **65 €**

## LE GRAND VENISE

171, rue de la Convention (15ᵉ) • Ⓜ Convention
Tél. 01 45 32 49 71
Fermé dimanche et lundi. Accueil jusqu'à 22 h 30.

38 € pour le *Foie de veau.*
Prix moyen d'un repas tout compris: **100 €**

## AUX LYONNAIS

32, rue Saint-Marc (2ᵉ) • Ⓜ Richelieu-Drouot ou Bourse
Tél. 01 42 96 65 04
Fermé samedi midi, dimanche et lundi. Accueil jusqu'à 23 h.

21 € pour le *Foie de veau en persillade, copeaux de pommes de terre.*
Prix moyen d'un repas tout compris: **60 €**

## LA MAISON COURTINE

157, avenue du Maine (14ᵉ) • Ⓜ Mouton-Duvernet
ou Montparnasse-Bienvenüe
Tél. 01 45 43 08 04
Fermé samedi midi, dimanche et lundi midi. Accueil jusqu'à 23 h.

26 € pour le *Foie de veau servi avec des poix gourmands.*
Prix moyen d'un repas tout compris: **55 €**

# Gibier

Personnellement, je ne mange plus de perdreau
ou de faisan à Paris : ce sont des oiseaux
d'élevage, ayant perdu tout goût de gibier.
Préférez la grouse ou le lièvre.
Beaucoup de restaurants proposent,
avec plus ou moins de bonheur, du lièvre
à la royale, très à la mode, du civet de lièvre
ou du râble sauce poivrade. On aimera
également le marcassin et le chevreuil.

Le prix du plat dépend du type de gibier et de la saison.

## CHEZ L'AMI JEAN

27, rue Malar (7e) • Ⓜ La Tour-Maubourg ou Invalides
Tél. 01 47 05 86 89
Fermé dimanche et lundi. Accueil jusqu'à minuit.

Prix moyen d'un repas tout compris : **40 €**

## L'ASSIETTE

181, rue du Château (14e) • Ⓜ Mouton-Duvernet ou Gaîté
Tél. 01 43 22 64 86
Fermé lundi. Accueil jusqu'à 23 h.

Prix moyen d'un repas tout compris : **55 €**

## LE CHAMBORD

17, rue Paul-Chatrousse (Neuilly-sur-Seine – 92) • Ⓜ Pont-de-Neuilly
Tél. 01 47 47 73 17
Fermé le dimanche. Accueil jusqu'à 23 h.

Prix moyen d'un repas tout compris : **65 €**

## GÉRARD BESSON

5, rue Coq-Héron (1er) • Ⓜ Louvre-Rivoli
ou Palais-Royal-Musée-du-Louvre
Tél. 01 42 33 14 74
Fermé samedi midi, dimanche et lundi midi. Accueil jusqu'à
21 h 30.

Prix moyen d'un repas tout compris : **155 €**

## LE GRAND VÉFOUR

17, rue de Beaujolais (1er) • Ⓜ Palais-Royal-Musée-du-Louvre
ou Pyramides
Tél. 01 42 96 56 27
Fermé vendredi soir, samedi et dimanche. Accueil jusqu'à 22 h.

Prix moyen d'un repas tout compris : **235 €**

## CHEZ MICHEL

10, rue de Belzunce (10e) • Ⓜ Poissonnière ou Gare-du-Nord
Tél. 01 44 53 06 20
Fermé samedi, dimanche et lundi midi. Accueil jusqu'à minuit.

Prix moyen d'un repas tout compris : **40 €**

## AU PETIT MARGUERY

9, boulevard de Port-Royal (13e) • Ⓜ Les Gobelins
Tél. 01 43 31 58 59
Fermé dimanche et lundi. Accueil jusqu'à 22 h 15.

Prix moyen d'un repas tout compris : **50 €**

## LA RÉGALADE

49, avenue Jean-Moulin (14e) • Ⓜ Alésia ou Porte-d'Orléans
Tél. 01 45 45 68 58
Fermé samedi, dimanche et lundi midi. Accueil jusqu'à
23 h 30.

Prix moyen d'un repas tout compris : **50 €**

## LE REPAIRE DE CARTOUCHE

8, boulevard des Filles-du-Calvaire (11ᵉ) • Ⓜ Saint-Sébastien-Froissart
Tél. 01 47 00 25 86
Fermé dimanche et lundi. Accueil jusqu'à 23 h et 23 h 30
le vendredi et le samedi.

Prix moyen d'un repas tout compris : **55 €**

## SENDERENS

9, place de la Madeleine (8ᵉ) • Ⓜ Madeleine
Tél. 01 42 65 22 90
Ouvert tous les jours. Accueil jusqu'à 23 h 15.

Prix moyen d'un repas tout compris : **110 €**

## AU TROU GASCON

40, rue Taine (12ᵉ) • Ⓜ Daumesnil
Tél. 01 43 44 34 26
Fermé samedi et dimanche. Accueil jusqu'à 22 h.

Prix moyen d'un repas tout compris : **85 €**

## LE VIOLON D'INGRES

135, rue Saint-Dominique (7ᵉ) • Ⓜ École-Militaire
Tél. 01 45 55 15 05
Fermé dimanche et lundi. Accueil jusqu'à 22 h 30.

Prix moyen d'un repas tout compris : **75 €**

# Gigot d'agneau

Les tranches de gigot poêlées ou grillées,
ce n'est vraiment pas bon. Il faut que le gigot
soit rôti entier, à la broche ou au four. Il sera
apporté entier à table pour que vous puissiez

choisir la cuisson que vous aimez, de doré
à l'extérieur à très rose à cœur. On peut servir
le gigot avec des pommes de terre, frites
ou en purée. Nous préférons les haricots
blancs, ou mieux encore des flageolets
et une salade verte. Gigot de sept heures :
on vous proposera parfois, un gigot de longue
cuisson (en réalité trois ou quatre heures) plus
près par la texture d'un ragoût que d'un rôti.

## LE BISTROT D'À CÔTÉ « LA BOUTARDE »

4, rue Boutard (Neuilly-sur-Seine – 92) • Ⓜ Pont-de-Neuilly
Tél. 01 47 45 34 55
Fermé samedi midi et dimanche. Accueil jusqu'à 23 h.

22 € pour le *Gigot d'agneau rôti à la broche* (servi uniquement
le lundi).
Prix moyen d'un repas tout compris : 50 €

## DROUANT

16-18, place Gaillon (2e) • Ⓜ Quatre-Septembre ou Pyramides
Tél. 01 42 65 15 16
Ouvert tous les jours. Accueil jusqu'à minuit.

30 € pour le *Gigot d'agneau de l'Enclave des Papes rôti.*
Prix moyen d'un repas tout compris : 55 €

## CHEZ GEORGES

273, boulevard Pereire (17e) • Ⓜ Porte-Maillot
Tél. 01 45 74 31 00
Ouvert tous les jours. Accueil jusqu'à 23 h 30.

23 € pour le *Gigot fermier rôti aux flageolets.*
Prix moyen d'un repas tout compris : 55 €

## J'GO

4, rue Drouot (9e) • Ⓜ Richelieu-Drouot ou Le Peletier
Tél. 01 40 22 09 09
Fermé le dimanche. Accueil jusqu'à 0 h 30.

23 € pour le *Gigot d'agneau du Quercy à la broche servi avec des haricots tarbais.*
Prix moyen d'un repas tout compris : **45** €

## JOSÉPHINE (CHEZ DUMONET)

117, rue du Cherche-Midi (6ᵉ) • Ⓜ Duroc ou Falguière
Tél. 01 45 48 52 40
Fermé samedi et dimanche. Accueil jusqu'à 22 h 30.

22 € pour le *Gigot Duranton mojette piate* (servi le mercredi).
Prix moyen d'un repas tout compris : **60** €

## MARTY

20, avenue des Gobelins (5ᵉ) • Ⓜ Les Gobelins
Tél. 01 43 31 39 51
Ouvert tous les jours. Accueil jusqu'à 23 h et minuit le samedi.

23 € pour le *Gigot d'agneau.*
Prix moyen d'un repas tout compris : **55** €

## SÉBILLON NEUILLY

20, avenue Charles-de-Gaulle (Neuilly-sur-Seine – 92) • Ⓜ Porte-Maillot
Tél. 01 46 24 71 31
Ouvert tous les jours. Accueil jusqu'à minuit.

24 € pour le *Gigot d'agneau « allaiton de l'Aveyron » tranché devant vous à discrétion servi avec ses lingots.*
Prix moyen d'un repas tout compris : **65** €

## LE TRAIN BLEU

Gare de Lyon place Louis-Armand (12ᵉ) • Ⓜ Gare-de-Lyon
ou RER A et D
Tél. 01 43 43 09 06
Ouvert tous les jours. Accueil jusqu'à 23 h.

29 € pour le *Gigot d'agneau rôti servi avec un gratin à la fourme d'Ambert.*
Prix moyen d'un repas tout compris : **55** €

# Gras-double
# Tablier de sapeur

G

Le gras-double est un morceau de panse de bœuf échaudé puis découpé en lanières et sauté avec des tomates et des oignons. Contrairement à ce que son nom pourrait laisser, il n'y a pas de gras dans le gras-double... Le tablier de sapeur est du gras-double découpé en grands carrés, pané, frit et servi avec une sauce tartare. Ce sont deux spécialités savoureuses des bouchons lyonnais, difficiles à trouver à Paris.

## AUBERGE PYRÉNÉES CÉVENNES
106, rue de la Folie-Méricourt (11e) • Ⓜ République
Tél. 01 43 57 33 78
Fermé samedi midi et dimanche. Accueil jusqu'à 22 h.

---

14,20 € pour le *Tablier de sapeur*.
Prix moyen d'un repas tout compris : **45 €**

## AUX LYONNAIS
32, rue Saint-Marc (2e) • Ⓜ Richelieu-Drouot ou Bourse
Tél. 01 42 96 65 04
Fermé samedi midi, dimanche et lundi.

---

21 € pour le *Tablier de sapeur sauce tartare*.
Prix moyen d'un repas tout compris : **60 €**

## MOISSONNIER
28, rue des Fossés-Saint-Bernard (5e) • Ⓜ Jussieu
ou Cardinal-Lemoine
Tél. 01 43 29 87 65
Fermé dimanche et lundi. Accueil jusqu'à 22 h.

15 € pour le *Tablier de sapeur servi avec une sauce gribiche*;
15 € pour le *Gras-double sauté lyonnaise*.
Prix moyen d'un repas tout compris : **50 €**

## L'OPPORTUN

62, boulevard Edgar-Quinet (14e) • Ⓜ Edgar-Quinet
ou Montparnasse-Bienvenüe
Tél. 0143202689
Fermé le dimanche. Accueil jusqu'à 23 h.

16 € pour le *Tablier de sapeur*.
Prix moyen d'un repas tout compris : **50 €**

## AU PETIT MARGUERY

9, boulevard de Port-Royal (13e) • Ⓜ Les Gobelins
Tél. 0143315859
Fermé dimanche et lundi. Accueil jusqu'à 22 h 15.

**Dans le menu à 30 € et 26 € le midi, ou la formule à 23 € le midi,
pour le *Gras-double*.**
Prix moyen d'un repas tout compris : **50 €**

## CHEZ RENÉ

14, boulevard Saint-Germain (5e) • Ⓜ Maubert-Mutualité
ou Cardinal-Lemoine
Tél. 0143543023
Fermé dimanche et lundi. Accueil jusqu'à 23 h.

14,50 € pour le *Gras-double*.
Prix moyen d'un repas tout compris : **45 €**

Gras-double Tablier de sapeur

# Hachis Parmentier

Plat classique de la cuisine bourgeoise familiale. Mais, à la maison on n'a plus le temps de faire un pot-au-feu. On est bien content de le trouver dans les bistrots. C'est donc un hachis de pot-au-feu de bœuf auquel on mélange de l'oignon haché et du persil, et pour les meilleurs, de la chair à saucisse. On en garnit le fond du plat, recouvert ensuite d'une couche de purée de pommes de terre. Variante : Michel Guérard a eu l'idée, reprise depuis par de nombreux cuisiniers, de remplacer le bœuf par du confit de canard. C'est très bon... si le confit est bon.

## A & M

136, boulevard Murat (16e) • Ⓜ Porte-de-Saint-Cloud
Tél. 01 45 27 39 60
Fermé samedi midi et dimanche. Accueil jusqu'à 22 h 30.

---

Dans le menu-carte à 30 € ou à 23 € en formule, *Hachis Parmentier de joue de bœuf.*
Prix moyen d'un repas tout compris : **40 €**

## LE GRAND VÉFOUR

17, rue de Beaujolais (1er) • Ⓜ Palais-Royal-Musée-du-Louvre ou Pyramides
Tél. 01 42 96 56 27
Fermé vendredi soir, samedi et dimanche. Accueil jusqu'à 22 h.

---

**88 €** pour le *Parmentier de queue de bœuf aux truffes.*
Prix moyen d'un repas tout compris : **235 €**

## NATACHA

17 bis, rue Campagne-Première (14ᵉ) • Ⓜ Raspail
Tél. 01 43 20 79 27
Fermé samedi, dimanche et lundi midi. Accueil jusqu'à 23 h.

14 € pour le *Hachis Parmentier Natacha, bœuf et chair à saucisse*.
Prix moyen d'un repas tout compris : **45 €**

## LE STELLA

133, avenue Victor-Hugo (16ᵉ) • Ⓜ Victor-Hugo
Tél. 01 56 90 56 00
Ouvert tous les jours. Accueil jusqu'à 1 h.

18,50 € pour le *Hachis Parmentier*.
Prix moyen d'un repas tout compris : **50 €**

## LE VILLARET

13, rue Ternaux (11ᵉ) • Ⓜ Parmentier ou Oberkampf
Tél. 01 43 57 89 76
Fermé samedi midi et dimanche. Accueil jusqu'à 23 h.

18 € pour le *Hachis Parmentier de queue de bœuf servi avec une salade*.
Prix moyen d'un repas tout compris : **40 €**

# Haddock

**C'est de l'églefin désarêté, saumuré et fumé. Il est cuit poché dans du lait. Naguère proposé dans tous les bistrots. Difficile à trouver de nos jours. Il faut qu'il soit épais.**

## BALZAR

49, rue des Écoles (5ᵉ) • Ⓜ Saint-Michel ou Cluny
Tél. 01 43 54 13 67
Ouvert tous les jours. Accueil jusqu'à 23 h 45.

18 € pour le *Haddock servi avec des pommes à l'anglaise*.
Prix moyen d'un repas tout compris : **50 €**

# Hamburger

Cette galette de bœuf haché a mauvaise
réputation et pourtant cela peut être bon :
il faut une viande fraîche de bœuf, hachée
au dernier moment, contenant du gras
mais pas trop (15 % à 20 %). On ajoute parfois
de l'oignon haché fondu au beurre.
Bien doré au beurre des deux côtés, il restera
moelleux à l'intérieur. On le sert généralement
avec des frites. Nous, on l'aime bien
avec une bonne salade verte.

## COFFEE LINK

66, rue Pierre Chardon (8e) • Ⓜ Franklin-D.-Roosevelt
Tél. 01 43 59 30 41
Ouvert tous les jours. Accueil jusqu'à 2 h.

De **13,50 €** à **18 €** pour les *Hamburgers*.
Prix moyen d'un repas tout compris : **25 €** le midi et **30 €** le soir

## COFFEE PARISIEN

7, rue Gustave-Courbet (16e) • Ⓜ Tocadéro ou Victor-Hugo
Tél. 01 45 53 17 17
Ouvert tous les jours. Accueil jusqu'à minuit

De **12,50 €** à **14,50 €** pour les *Hamburgers*.
Prix moyen d'un repas tout compris : de **25 €** à **30 €**

## FLOORS

100, rue Myrha (18e) • Ⓜ Château-Rouge
Tél. 01 42 62 08 08
Fermé le lundi. Accueil jusqu'à 23 h 30 et minuit le vendredi et
samedi.

De 12 € à 20 € pour les *Hamburgers*.
Prix moyen d'un repas tout compris : **30 €**

## PDG

20, rue de Ponthieu (8e) • Ⓜ Franklin-D.-Roosevelt
Tél. 01 42 56 19 10
Ouvert tous les jours. Accueil jusqu'à 22 h et 22 h 30 du jeudi au
samedi.

De 15,90 € à 20 € pour les *Hamburgers*.
Prix moyen d'un repas tout compris : **30 €**

## SCOOP

154, rue Saint-Honoré (1er) • Ⓜ Louvre-Rivoli ou Palais-Royal
Tél. 01 42 60 31 84
Fermé au dîner sauf les vendredi et samedi.

De 12,50 € à 13,90 € pour les *Hamburgers*.
Prix moyen d'un repas tout compris : **14 €**

# Huîtres

Bien sûr, on ne mangera d'huîtres
que chez des spécialistes ayant un gros débit.
Ils sont nombreux à Paris. Leurs fournisseurs
sont par contre, peu nombreux. La plupart sont
livrés par Gillardeau et Cadoret, excellents
ostréiculteurs qui, hélas, la plupart du temps,
n'indiquent pas la région d'origine pourtant

essentielle à connaître. C'est pourquoi nous vous indiquons également les quelques restaurants qui vous proposeront les merveilleuses huîtres de Prat-Ar-Coum d'Yvon Madec.

## LE BŒUF SUR LE TOIT
34, rue du Colisée (8e) • Ⓜ Saint-Philippe-du-Roule
ou Franklin-D.-Roosevelt
Tél. 01 53 93 65 55
Ouvert tous les jours. Accueil jusqu'à 1h.

Prix moyen d'un repas tout compris : **78 €**

## LA COUPOLE
102, boulevard du Montparnasse (14e) • Ⓜ Vavin
Tél. 01 43 20 14 20
Ouvert tous les jours. Accueil jusqu'à 1h.

Prix moyen d'un repas tout compris : **68 €**

## DESSIRIER
9, place du Maréchal-Juin (17e) • Ⓜ Pereire
Tél. 01 42 27 82 14
Ouvert tous les jours. Accueil jusqu'à 23h15.

**Huîtres Prat-Ar-Coum (Yvon Madec)**
Prix moyen d'un repas tout compris : **85 €**

## LE DIVELLEC
107, rue de l'Université (7e) • Ⓜ Invalides
Tél. 01 45 51 91 96
Fermé samedi et dimanche. Accueil jusqu'à 22h30.

**Huîtres Prat-Ar-Coum (Yvon Madec)**
Prix moyen d'un repas tout compris : **175 €**

## LE DÔME

108, boulevard du Montparnasse (14e) • Ⓜ Vavin
Tél. 01 43 35 25 81
Ouvert tous les jours. Accueil jusqu'à 0 h 15.

Prix moyen d'un repas tout compris : **105 €**

## L'ÉCAILLER DU BISTROT

22, rue Paul-Bert (11e) • Ⓜ Faidherbe-Chaligny
Tél. 01 43 72 76 77
Fermé dimanche et lundi. Accueil jusqu'à 23 h.

Prix moyen d'un repas tout compris : **55 €**

## L'ÉCAILLE DE LA FONTAINE

15, rue Gaillon (2e) • Ⓜ Opéra
Tél. 01 47 42 02 99
Fermé samedi et dimanche. Accueil jusqu'à 23 h.

Prix moyen d'un repas tout compris : **50 €**

## CHEZ FLOTTES

2, rue Cambon (1er) • Ⓜ Concorde
Tél. 01 42 60 80 89
Ouvert tous les jours. Accueil jusqu'à 0 h 30.

Prix moyen d'un repas tout compris : **50 €**

## GARNIER

111, rue Saint-Lazare (8e) • Ⓜ Saint-Lazare
Tél. 01 43 87 50 40
Ouvert tous les jours. Accueil jusqu'à 23 h.

Prix moyen d'un repas tout compris : **85 €**

## LA LORRAINE

2-4, place des Ternes (8e) • Ⓜ Ternes
Tél. 01 56 21 22 00
Ouvert tous les jours. Accueil jusqu'à 1 h.

Prix moyen d'un repas tout compris : **110 €**

## LA MARÉE

1, rue Daru (8$^e$) • Ⓜ Ternes ou Courcelles
Tél. 01 43 80 20 00
Fermé samedi midi et dimanche. Accueil jusqu'à 23 h.

Prix moyen d'un repas tout compris : **130 €**

## LA MARÉE PASSY

71, avenue Paul-Doumer (16$^e$) • Ⓜ La Muette ou Trocadéro
Tél. 01 45 04 12 81
Ouvert tous les jours. Accueil jusqu'à 22 h 30.

Prix moyen d'un repas tout compris : **55 €**

## LA MÉDITERRANÉE

2, place de l'Odéon (6$^e$) • Ⓜ Odéon
Tél. 01 43 26 02 30
Ouvert tous les jours. Accueil jusqu'à 23 h.

**Huîtres Prat-Ar-Coum (Yvon Madec)**
Prix moyen d'un repas tout compris : **65 €**

## L'OSTRÉADE

11, boulevard de Vaugirard (15$^e$) • Ⓜ Montparnasse-Bienvenüe
Tél. 01 43 21 87 41
Fermé samedi et dimanche. Accueil jusqu'à 22 h 15.

**Huîtres Prat-Ar-Coum (Yvon Madec)**
Prix moyen d'un repas tout compris : **45 €**

## LE PICHET DE PARIS

68, rue Pierre-Charron (8$^e$) • Ⓜ Franklin-D.-Roosevelt
Tél. 01 43 59 50 34
Fermé samedi et dimanche. Accueil jusqu'à 23 h.

**Huîtres Prat-Ar-Coum (Yvon Madec)**
Prix moyen d'un repas tout compris : **110 €**

## RECH

62, avenue des Ternes (17e) • Ⓜ Place-des-Ternes,
Charles-de-Gaulle-Étoile ou Argentine
Tél. 01 45 72 29 47
Fermé dimanche et lundi. Accueil jusqu'à 22 h.

**Huîtres Prat-Ar-Coum (Yvon Madec)**
Prix moyen d'un repas tout compris : **85 €**

## LE STELLA

133, avenue Victor-Hugo (16e) • Ⓜ Victor-Hugo
Tél. 01 56 90 56 00
Ouvert tous les jours. Accueil jusqu'à 1 h.

**Huîtres Prat-Ar-Coum (Yvon Madec)**
Prix moyen d'un repas tout compris : **48 €**

## UITR

1, place Falguière (15e) • Ⓜ Pasteur
Tél. 01 47 34 12 24
Ouvert tous les jours. Accueil jusqu'à 22 h 30.

Prix moyen d'un repas tout compris : **60 €**

Huîtres

# Lièvre à la royale

Le Quercy, le Périgord, le Mâconnais et l'Orléanais revendiquent la paternité de cette célèbre recette mais il semble bien que le Poitou en soit la région d'origine. Le lièvre est farci avec un hachis de son foie, de ses poumons, de son cœur, de foie gras cru, d'ail, de mie de pain, d'oignon et de truffes. Braisé au vin, après une longue cuisson, il sera dégusté à la cuillère. C'est un plat très compliqué, très long à préparer et qui demande beaucoup de talent. La présence de truffes dans la vraie recette en expliquait le coût élevé. Depuis quelques années, le prix de la truffe ayant flambé, on s'est aperçu (c'est du moins mon opinion...) que le goût de la truffe était dominé par les autres ingrédients et n'était pas indispensable. Le lièvre est exquis préparé avec des recettes plus simples et délicieuses tels le râble sauce poivrade ou le simple civet.

## L'ATELIER DE JOËL ROBUCHON

Hôtel Pont-Royal 5-7, rue de Montalembert (7e) • Ⓜ Rue-du-Bac
Tél. 01 42 22 56 56
Ouvert tous les jours. Accueil jusqu'à minuit.

70 € pour le *Lièvre à la royale*.
Prix moyen d'un repas tout compris : 80 €

## CARRÉ DES FEUILLANTS

14, rue de Castiglione (1er) • Ⓜ Opéra, Tuileries ou Concorde
Tél. 01 42 86 82 82
Fermé samedi et dimanche. Accueil jusqu'à 22 h 30.

*Lièvre « façon » royale.*
Prix moyen d'un repas tout compris : **90** €

## L'ÉPIGRAMME

9, rue de l'Éperon (6e) • Ⓜ Odéon ou Saint-Michel
Tél. 0144410009
Fermé dimanche soir et lundi. Accueil jusqu'à 23 h.

Dans le menu à **28** € ou la formule à **22** € pour le *Lièvre à la royale.*
Prix moyen d'un repas tout compris : **35** € au déjeuner et **50** € au dîner.

## GÉRARD BESSON

5, rue Coq-Héron (1er) • Ⓜ Louvre-Rivoli
ou Palais-Royal-Musée-du-Louvre
Tél. 0142331474
Fermé samedi midi, dimanche et lundi midi. Accueil jusqu'à 21h30.

Environ **66** € pour le *Lièvre à la royale.*
Prix moyen d'un repas tout compris : **155** €

## AU PETIT MARGUERY

9, boulevard de Port-Royal (13e) • Ⓜ Les Gobelins
Tél. 0143315859
Fermé le dimanche et lundi. Accueil jusqu'à 22h15.

Dans le menu carte à **35** € et **26** € le midi (avec supplément) pour le *Lièvre à la royale.*
Prix moyen d'un repas tout compris : **50** €

## LA TABLE DE JOËL ROBUCHON

16, avenue Bugeaud (16e) • Ⓜ Victor-Hugo
Tél. 0156281616
Ouvert tous les jours. Accueil jusqu'à 23 h.

Environ **100** € pour le *Lièvre à la royale.*
Prix moyen d'un repas tout compris : **55** €

## SENDERENS

9, place de la Madeleine (8ᵉ) • Ⓜ Madeleine
Tél. 01 42 65 22 90
Ouvert tous les jours. Accueil jusqu'à 23 h 15.

---

**85 €** pour le *Lièvre à la royale.*
Prix moyen d'un repas tout compris : **110 €**

## STELLA MARIS

4, rue Arsène-Houssaye (8ᵉ) • Ⓜ George-V
ou Charles-de-Gaulle-Étoile
Tél. 01 42 89 16 22
Fermé samedi midi et dimanche. Accueil jusqu'à 22 h 30.

---

**Environ 53 €** pour le *Lièvre à la royale.*
Prix moyen d'un repas tout compris : **85 €**

# Merlan Colbert

La chair du merlan est d'une exquise finesse,
il est très facile à desarêter
et parmi les poissons les moins chers,
c'est peut-être pour cela qu'on en sert
rarement dans les restaurants. Joël Robuchon,
lui, a bien raison de servir ce poisson pané
et frit servi avec du persil frit et du beurre cru,
c'est tout à fait délicieux.

## L'ATELIER DE JOËL ROBUCHON

Hôtel Pont-Royal 5-7, rue de Montalembert (7ᵉ) •
Ⓜ Rue-du-Bac
Tél. 01 42 22 56 56
Ouvert tous les jours. Accueil jusqu'à minuit.

---

27 € pour le *Merlan Colbert*.
Prix moyen d'un repas tout compris : **80 €**

## LA FONTAINE GAILLON

1, place Gaillon ou 1, rue de la Michodière (2ᵉ) • Ⓜ Opéra,
Pyramide ou Quatre-Septembre
Fermé samedi et dimanche. Accueil jusqu'à 23 h 30.

---

31 € pour le *Merlan de ligne Colbert*.
Prix moyen d'un repas tout compris : **75 €**

## LA TABLE DE JOËL ROBUCHON

16, avenue Bugeaud (16ᵉ) • Ⓜ Victor-Hugo
Tél. 01 56 28 16 16
Ouvert tous les jours. Accueil jusqu'à 23 h.

---

28 € pour le *Merlan Colbert*.
Prix moyen d'un repas tout compris : **55 €**

# Moules marinières

Les moules sont utilisées dans de nombreuses recettes crues ou non : mouclade ou chaudrée, par exemple. Les plus fines sont les petites moules de bouchot ou les plus grosses d'Espagne. C'est en juillet qu'elles sont les meilleures. Avec un oignon ou échalote, thym, persil, laurier et vin blanc.

## AUBERGE PYRÉNÉES CÉVENNES

106, rue de la Folie-Méricourt (11e) • Ⓜ République
Tél. 01 43 57 33 78
Fermé samedi midi et dimanche. Accueil jusqu'à 22 h.

14 € pour les *Moules marinières*.
Prix moyen d'un repas tout compris : **50 €**

## UITR

1, place Falguière (15e) • Ⓜ Pasteur
Tél. 01 47 34 12 24
Ouvert tous les jours. Accueil jusqu'à 22 h 30.

14 € pour les *Moules marinières*.
Prix moyen d'un repas tout compris : **60 €**

# Navarin d'agneau

Cette délicieuse recette n'a guère changé depuis qu'Escoffier l'a codifiée : il faut un assortiment de morceaux gras et maigres, poitrine, basses côtes, collet et épaule d'agneau. Assurez-vous donc, dans un restaurant, avant de commander, qu'il n'emploie pas que de l'épaule, le morceau le plus sec. Après avoir été rissolée, la viande sera cuite pendant une heure environ avec tomates, ail et bouquet garni. Pour réaliser un navarin printanier, on ajoutera des oignons, des carottes, des navets, des petits pois et des pommes de terre.

## GOUPIL

4, rue Claude-Debussy (17e) • Ⓜ Porte-de-Champerret
Tél. 01 45 74 83 25
Fermé samedi et dimanche. Accueil jusqu'à 22 h 30.

De 16 € à 18 € pour le *Navarin d'agneau*.
Prix moyen d'un repas tout compris : 45 €

## LE TROQUET

21, rue François-Bonvin (15e) • Ⓜ Volontaires
ou Sèvres-Lecourbe
Tél. 01 45 66 89 00
Fermé dimanche et lundi. Accueil jusqu'à 23 h 30.

Dans le menu-carte à 30 € pour le *Navarin d'agneau*.
Prix moyen d'un repas tout compris : 40 €

# Œuf mayonnaise

C'est, pour nous, le plat symbole des bistrots parisiens : trois ou quatre demi-œufs, pas trop cuits, posés sur des feuilles ou une chiffonnade de laitue, nappés d'une mayonnaise pas trop dense et bien moutardée. C'est bon, c'est pas cher et rapide à préparer.

## AUX AMIS DU BEAUJOLAIS

28, rue d'Artois (8e) • Ⓜ Saint-Philippe-du-Roule, Frankin-D.-Roosevelt ou George-V
Tél. 01 45 63 92 21
Ouvert tous les jours. Accueil jusqu'à 21 h.

---

4,50 € pour l'*Œuf mayonnaise*.
Prix moyen d'un repas tout compris : **40 €**

## LE BISTROT DE PARIS

33, rue de Lille (7e) • Ⓜ Rue-du-Bac ou Saint-Germain-des-Prés
Tél. 01 42 61 16 83
Fermé dimanche et lundi. Accueil jusqu'à 23 h 30.

---

4,50 € pour l'*Œuf mayonnaise*.
Prix moyen d'un repas tout compris : **45 €**

## LE BRANDEVIN

29, rue du Docteur-Blanche (16e) • Ⓜ Jasmin
Tél. 01 42 24 19 33
Fermé le dimanche. Accueil jusqu'à 23 h.

---

6 € pour l'*Œuf mayonnaise*.
Prix moyen d'un repas tout compris : **50 €**

Œuf mayonnaise

# CAFÉ DE L'ÉPOQUE
2, rue du Bouloi (1er) • Ⓜ Palais-Royal-Musée-du-Louvre
Tél. 01 42 33 40 70
Ouvert tous les jours. Accueil jusqu'à 22 h 30.

---

**5,50 €** pour l'*Œuf mayonnaise*.
Prix moyen d'un repas tout compris : **40 €**

# CAVES PÉTRISSANS
30 bis, avenue Niel (17e) • Ⓜ Charles-de-Gaulle-Étoile ou Pereire
Tél. 01 42 27 52 03
Fermé samedi et dimanche. Accueil jusqu'à 22 h.

---

**8,40 €** pour les *Œufs durs mayonnaise*.
Prix moyen d'un repas tout compris : **50 €**

# LA CLOSERIE DES LILAS
171, boulevard du Montparnasse (6e) • Ⓜ Vavin
ou RER B Port-Royal
Tél. 01 40 51 34 50
Ouvert tous les jours. Accueil jusqu'à 23 h 30.

---

**6,50 €** pour l'*Œuf mayonnaise*.
Prix moyen d'un repas tout compris : **70 €**

# ÉVASION
7, place Saint-Augustin (8e) • Ⓜ Saint-Augustin
Tél. 01 45 22 66 20
Fermé samedi et dimanche. Accueil jusqu'à 22 h 30.

---

**8 €** pour l'*Œuf mayonnaise avec une macédoine de légumes*.
Prix moyen d'un repas tout compris : **75 €**

# CHEZ FLOTTES
2, rue Cambon (1er) • Ⓜ Concorde
Tél. 01 42 60 80 89
Ouvert tous les jours. Accueil jusqu'à 0 h 30.

---

**6 €** pour l'*Œuf dur mayonnaise « parisienne »*.
Prix moyen d'un repas tout compris : **50 €**

## CHEZ GEORGES - LE JEU DU MAIL

1, rue du Mail (2$^e$) • Ⓜ Bourse ou Sentier
Tél. 01 42 60 07 11
Fermé samedi et dimanche. Accueil jusqu'à 22 h 15.

**10 € pour l'Œuf mayonnaise.**
Prix moyen d'un repas tout compris: **65 €**

## LES PETITES SORCIÈRES

12, rue Liancourt (14$^e$) • Ⓜ Denfert-Rochereau
Tél. 01 43 21 95 68
Fermé dimanche et lundi. Accueil jusqu'à 23 h.

**8 € pour l'*Œuf mayonnaise et macédoine fraîche*.**
Prix moyen d'un repas tout compris: **55 €**

## LE VOLTAIRE

27, quai Voltaire (7$^e$) • Ⓜ Rue-du-Bac
Tél. 01 42 61 17 49
Fermé dimanche et lundi. Accueil jusqu'à 22 h 15.

**0,90 € pour l'*Œuf mayonnaise*.**
Prix moyen d'un repas tout compris: **85 €**

# Paella

Curieusement, ce plat espagnol est la recette
préférée des Français avec... le couscous !
C'est avant tout un plat de riz rond
avec des calmars, des moules, du chorizo,
des gambas, du poulet (et souvent en Espagne
du lapin), des légumes, du safran et, bien sûr,
de l'huile d'olive. Mais il existe de nombreuses
variantes. Le plus important est son côté
spectaculaire quand il est cuit et servi
dans l'immense poêle, la *paellera*. En Espagne
comme en France, on en propose partout,
mais rarement de qualité.

## FOGON

45, quai des Grands-Augustins (6<sup>e</sup>) • Ⓜ Saint-Michel, Cité
ou Maubert-Mutualité
Tél. 01 43 54 31 33
Fermé lundi et les midis sauf samedi et dimanche.
Accueil jusqu'à minuit.

De 20 € à 28 € pour le *Riz en paella au jambon* ; *Riz en paella à
la Valencienne* ; ou le *Riz en paella aux langoustines*.
Prix moyen d'un repas tout compris : 55 €

## ROSIMAR

26, rue Poussin (16<sup>e</sup>) • Ⓜ Michel-Ange-Auteuil
Tél. 01 45 27 74 91
Fermé samedi et dimanche. Accueil jusqu'à 22 h.

22 € pour la *Paella* (sur commande).
Prix moyen d'un repas tout compris : 50 €

# Pastilla au pigeon

Originaire de Fez, c'est à notre goût le plus
grand plat de la cuisine marocaine.
Hélas, de nos jours (et même au Maroc)
on n'en propose que de pâles ersatz.
Tout d'abord on la prépare souvent au poulet,
ce qui retire le goût assez puissant du pigeon,
indispensable mariage avec les épices.
À Paris, quelques marocains puristes résistent
à la tentation de modernisation
de cette remarquable recette. Le jour où vous
déciderez de l'essayer, allez-y à quatre
convives. Téléphonez à l'avance pour dire que
vous voulez une grande pastilla pour quatre.
C'est bien meilleur que les individuelles.
Avant, vous prendrez les délicieuses et fraîches
salades marocaines et après la pastilla,
une simple salade d'orange à la cannelle.

## 404 « RESTAURANT FAMILIAL »

69, rue des Gravilliers (3ᵉ) • Ⓜ Arts-et-Métiers
Tél. 01 42 74 57 81
Ouvert tous les jours. Accueil jusqu'à 23 h.

---

18 € pour la *Pastilla traditionnelle au pigeon*.
Prix moyen d'un repas tout compris : **35 €**

## ESSAOUIRA

135, rue du Ranelagh (16ᵉ) • Ⓜ Ranelagh
Tél. 01 45 27 99 93
Fermé dimanche et lundi midi. Accueil jusqu'à 22 h 30.

---

18,50 € pour la *Pastilla au pigeon*.
Prix moyen d'un repas tout compris : **55 €**

## LA MAISON DE CHARLY

97, boulevard Gouvion-Saint-Cyr (17ᵉ) • Ⓜ Porte-Maillot
Tél. 01 45 74 34 62
Fermé le lundi. Accueil jusqu'à 23 h.

**Dans le menu à 30 €,** *Pastilla au pigeon.*
Prix moyen d'un repas tout compris : **55 €**

# Pâté en croûte

C'est le grand Alexandre Dumaine qui a mis au point et fait connaître cette merveilleuse recette qu'il servait entre les deux guerres dans son restaurant de Saulieu (elle a été reprise par Jean Ducloux à Tournus, puis par Bernard Loiseau à Saulieu). C'est une recette pour professionnels, faite de noix de veau, noix de porc, gorge de porc, foie gras, truffes et pistaches. Quelques chefs parisiens la servent de nos jours. Un vrai régal.

## BENOIT

20, rue Saint-Martin (4ᵉ) • Ⓜ Hôtel-de-Ville
Tél. 01 42 72 25 76
Ouvert tous les jours. Accueil jusqu'à 22 h.

**25 €** pour le *Pâté en croûte, salade iceberg à l'huile de noix et aux chapons.*
Prix moyen d'un repas tout compris : **105 €**

## MICHEL ROSTANG

20, rue Rennequin (17ᵉ) • Ⓜ Ternes ou Pereire
Tél. 01 47 63 40 77
Fermé samedi midi, dimanche et lundi midi. Accueil jusqu'à 23 h.

Inclus dans le menu déjeuner à 78 €, *Pâté en croûte.*
Prix moyen d'un repas tout compris : **200 €**

## AU PETIT THÉÂTRE

15, place du Marché-Saint-Honoré (1er) • Ⓜ Opéra, Tuileries
ou Pyramides
Tél. 01 42 61 00 93
Fermé dimanche et lundi. Accueil jusqu'à 22 h 30.

11 € pour le *Pâté en croûte de cochon et canard.*
Prix moyen d'un repas tout compris : **40 €**

# Pied de cochon

La légende prétend que si Louis XVI
a été arrêté à Varennes, c'est qu'il n'avait pu
résister à la tentation de s'arrêter
à Sainte-Menehould pour manger un pied
de cochon... Longuement cuit au court-bouillon,
il est refroidi puis trempé dans du beurre fondu,
pané et grillé. Plus raffiné, on prépare aussi
le pied de porc désossé et farci, truffé ou non.
Certains le servent avec une (inutile pour mon
goût...) sauce tartare.

## LE DUC DE RICHELIEU

5, rue Parrot (12e) • Ⓜ Gare-de-Lyon
Tél. 01 43 43 05 64
Fermé le dimanche. Accueil jusqu'à 0 h 15.

12,50 € pour le *Pied de porc pané servi avec des frites maison.*
Prix moyen d'un repas tout compris : **30 €**

## AU PETIT THÉÂTRE

15, place du Marché-Saint-Honoré (1er) • Ⓜ Opéra, Tuileries
ou Pyramides
Tél. 01 42 61 00 93
Fermé dimanche et lundi. Accueil jusqu'à 22 h 30.

**17 €** pour le *Pied de cochon grillé (pour les puristes)
accompagné de pommes de terre grenailles rôties au four.*
Prix moyen d'un repas tout compris : **40 €**

## AU PETIT VANVES

34, avenue Victor-Hugo (Vanves – 92) • Ⓜ Plateau-de-Vanves-
Malakoff
Tél. 01 46 42 13 46
Fermé samedi midi et dimanche. Accueil jusqu'à 22 h 30.

**16,80 €** pour le *Grand pied de porc pané rôti au four.*
Prix moyen d'un repas tout compris : **35 €**

## LE SEVERO

8, rue des Plantes (14e) • Ⓜ Mouton-Duvernet
Tél. 01 45 40 40 91
Fermé samedi et dimanche. Accueil jusqu'à 22 h 30.

**8 €** pour le *Pied de porc désossé, salade verte mélangée.*
Prix moyen d'un repas tout compris : **50 €**

## À LA TOUR DE MONTLHÉRY
## « CHEZ DENISE »

5, rue des Prouvaires (1er) • Ⓜ Châtelet-les-Halles
Tél. 01 42 36 21 82
Fermé samedi et dimanche. Accueil 24 h/24.

**18 €** pour le *Pied de porc pané.*
Prix moyen d'un repas tout compris : **50 €**

# Pieds et paquets

Sortes de paupiettes à base de panse et pieds d'agneau, et petit salé. Délicieuse recette provençale assez relevée et tomatée. Rares à Paris, c'est à Marseille et à Sisteron qu'on mangera les meilleurs.

## LA BASTIDE ODÉON

7, rue Corneille (6ᵉ) • Ⓜ Odéon ou RER B Luxembourg
Tél. 01 43 26 03 65
Fermé dimanche et lundi. Accueil jusqu'à 22 h 30.

---

21 € pour les *Pieds et paquets d'agneau à la provençale*.
Prix moyen d'un repas tout compris : **55 €**

# Pizza

Ce fast-food à l'italienne est répandu dans le monde entier. Hélas, la plupart du temps de piètre ou d'exécrable qualité. On doit en effet respecter des règles de base rarement réunies : il s'agit d'une galette en pâte à pain garnie d'une concassée de tomates, olives noires, origan, filets d'anchois et mozzarella ou Fontina. On peut remplacer l'anchois par du jambon italien et l'origan par du basilic frais. Légèrement arrosée d'une huile pimentée juste avant la dégustation. De nos jours, on propose de nombreuses variétés de pizze. Si la pâte est préparée à l'avance, la pizza sera cuite au dernier moment dans un four de boulanger. Elle doit être bien cuite tout en restant tendre. Sur les innombrables pizzerias de Paris, seules quelques-unes sont vraiment bonnes.

## AMICI MIEI

44, rue Saint-Sabin (3e) • Ⓜ Chemin Vert
Tél. 01 42 71 82 62
Fermé dimanche et lundi. Accueil jusqu'à 23 h.

---

**De 9 € à 17 € pour les *Pizzas*.**
Prix moyen d'un repas tout compris :

## BARTOLO

7, rue de Canettes (6e) • Ⓜ Mabillon
Tél. 01 43 26 27 08
Fermé dimanche soir et lundi. Accueil jusqu'à 23 h.

---

**De 11 € à 24 € pour les *Pizzas*.**
Prix moyen d'un repas tout compris : **30 €**

## BISTRO NAPOLITAIN

18 avenue Franklin D. Roosevelt (8e) • Ⓜ Saint-Philippe-du-Roule
Tél. 01 53 21 05 16
Fermé samedi et dimanche. Accueil jusqu'à 22 h 30.

---

**De 9 € à 16 € pour les *Pizzas*.**
Prix moyen d'un repas tout compris : **20 €**

## CANTINA CLANDESTINA

17, rue Milton (9e) • Ⓜ Notre-Dame de Lorette ou Cadet
Tél. 01 53 21 05 16
Fermé samedi matin et dimanche. Accueil jusqu'à 23 h.

De 9 € à 16 € pour les *Pizzas*.
Prix moyen d'un repas tout compris : **20 €**

## CHEZ ENZO

72, rue Daguerre (14ᵉ) • Ⓜ Gaîté ou Denfert-Rochereau
Tél. 01 43 21 66 66
Fermé dimanche. Accueil jusqu'à 23 h.

De 8,50 € à 12 € pour les *Pizzas*.
Prix moyen d'un repas tout compris : **15 €**

## MARIA LUISA

2, rue Marie et Louise (10ᵉ) • Ⓜ Goncourt, République
ou Jacques-Bonsergent
Tél. 01 44 84 04 01
Fermé le dimanche soir. Accueil jusqu'à 23 h en semaine
et 23 h 30 le week-end.

De 9,50 € à 15 € pour les *Pizzas*.
Prix moyen d'un repas tout compris : **35 €**

## PIZZERIA POSITANO

15, rue des Canettes (6ᵉ) • Ⓜ Mabillon ou Saint-Sulpice
Tél. 01 43 26 01 62
Fermé dimanche. Accueil jusqu'à 23 h.

De 10 € à 21 € pour les *Pizzas*.
Prix moyen d'un repas tout compris : **30 €**

## LA PIZZETA

22, avenue Trudaine (9ᵉ) • Ⓜ Pigale ou Anvers
Tél. 01 48 78 14 08
Fermé dimanche soir. Accueil jusqu'à 23 h et minuit le vendredi
et samedi.

De 10 € à 14,50 € pour les *Pizzas*.
Prix moyen d'un repas tout compris : **30 €**

# Plats de légumes

Difficile, pour ne pas dire impossible, jusqu'à présent du moins, de trouver un bon et vrai resto végétarien. Ils ont tous un côté misérabiliste qui ne donne guère envie d'entrer… En revanche, de plus en plus de restaurants mettent à leur carte au moins une entrée et un plat de légumes. Par ailleurs, je vous recommande les restos italiens figurant dans *Le Guide Lebey des restaurants de Paris*. Entre les antipastis de légumes grillés et les plats de pâtes, on peut facilement s'en tirer.

## LA BASTIDE ODÉON

7, rue Corneille (6ᵉ) • Ⓜ Odéon ou RER B Luxembourg
Tél. 01 43 26 03 65
Fermé dimanche et lundi. Accueil jusqu'à 22 h 30.

De 10,70 € ou 31 € pour les Plats de légumes: *Légumes de printemps à la plancha, huile de Maussane à l'aigre-doux ; Ravioles de Royans à la tomate et Parmesan Reggiano*.
Prix moyen d'un repas tout compris: **55 €**

## CASA OLYMPE

35, rue de Clichy (9ᵉ) • Ⓜ Saint-Georges
Tél. 01 42 85 26 01
Fermé samedi et dimanche. Accueil jusqu'à 23 h.

Dans la formule à 33 € ou le menu à 42 € pour les *Plats de légumes*.
Prix moyen d'un repas tout compris: **50 €**

## COLETTE

213, rue Saint-Honoré (1er) • Ⓜ Tuileries ou Pyramides
Tél. 01 55 35 33 90
Fermé le soir. Fermé le dimanche. Accueil jusqu'à 19 h.

De 14,80 € à 17 € pour les plats de légumes : *Légumes vapeur* ;
*Croque-monsieur végétarien* ; *Risotto de légumes.*
Prix moyen d'un repas tout compris : **45 €**

## LE DÉLICABAR

Le Bon Marché 26-38, rue de Sèvres (7e) • Ⓜ Sèvres-Babylone
Tél. 01 42 22 10 12
Fermé le dimanche. Accueil jusqu'à 19 h et 20 h le samedi.

13 € pour les *Fines feuilles de légumes et parmesan* ; *Choux de
légumes et crème.*
Prix moyen d'un repas tout compris : **45 €**

## AU GOURMAND

17, rue Molière (1er) • Ⓜ Pyramides ou Palais-Royal
Tél. 01 42 96 22 19
Fermé samedi midi, dimanche et lundi midi. Accueil jusqu'à 22 h.

Menu *Tous légumes* à 30 €.
Prix moyen dun repas tout compris : **45 €**

## LÉNA ET MIMILE

32, rue Tournefort (5e) • Ⓜ Place-Monge ou Censier-Daubenton
Tél. 01 47 07 72 47
Ouvert tous les jours. Accueil jusqu'à 23 h 30.

9 € pour le *Tartare de courgette* ; 18 € pour les *Pennes
aubergines, poivrons et courgettes.*
Prix moyen d'un repas tout compris : **55 €**

## MACÉO

15, rue des Petits-Champs (1er) • Ⓜ Pyramides, Palais-Royal-
Musée-du-Louvre ou Bourse
Tél. 01 42 97 53 85
Fermé samedi midi et dimanche. Accueil jusqu'à 22 h 30.

Menu *« Au vert »* à 30 €.
Prix moyen d'un repas tout compris : **55 €**

## MON VIEIL AMI
69, rue Saint-Louis-en-l'Île (4ᵉ) • Ⓜ Pont-Marie
Tél. 01 40 46 01 35
Fermé lundi et mardi. Accueil jusqu'à 23 h.

**11 €** pour la *Mijotée tiède de légumes de saison aux raisins et amandes, tartine de tapenade.*
Prix moyen d'un repas tout compris : **60 €**

## LE RESTAURANT
Hôtel Montalembert 3, rue de Montalembert (7ᵉ) • Ⓜ Rue-du-Bac
Tél. 01 45 49 68 03
Ouvert tous les jours. Accueil jusqu'à 22 h 30.

**17 €** pour la *Terrine de betteraves et chèvre frais, mâche aux noisettes* ; **18 €** *pour la Cueillette du moment, crème légère au curry rouge.*
Prix moyen d'un repas tout compris : **60 €**

## SPOON FOOD AND WINE
14, rue de Marignan (8ᵉ) • Ⓜ Franklin-D.-Roosevelt
Tél. 01 40 76 34 44
Fermé samedi et dimanche. Accueil jusqu'à 22 h 30.

**19 €** pour le *Plat de légumes.*
Prix moyen d'un repas tout compris : **85 €**

## TOKYO EAT
13, Avenue du président-Wilson (16ᵉ) • Ⓜ Iéna
Tél. 01 47 20 00 29
Fermé lundi. Accueil jusqu'à 23 h 30 et 22 h 30 le dimanche.

**13 €** pour le *Curry de légumes au lait de coco et riz blanc* ; **16 €** pour les *Lasagnes végétariennes.*

## VAPEUR GOURMANDE

49, rue Balard (15ᵉ) • Ⓜ Balard ou Javel
Tél. 01 45 57 71 90
Fermé samedi midi et dimanche. Accueil jusqu'à 21 h 30 et 22 h
le samedi.

---

15 € pour l'*Assiette de légumes maraîchers, aïoli et anchoïade.*
Prix moyen d'un repas tout compris : **50 €**

# Pommes frites

Fraîches ou surgelées, prédécoupées
ou coupées au couteau, contrairement
à la réputation, il est toujours aussi difficile
de manger de bonnes frites à Paris.
Qu'est-ce qu'une bonne frite ? Cela dépend
de beaucoup d'éléments mais avant tout,
évidemment, de la qualité des pommes
de terre, de l'huile employée,
de la température, de sa propreté... Ce qu'il faut
impérativement : qu'elles soient sèches,
croustillantes, de couleur jaune foncé
et assez fines. Mais pas trop, pour rester
moelleuses à l'intérieur.

## L'AMI LOUIS

32, rue du Vertbois (3ᵉ) • Ⓜ Arts-et-Métiers
Tél. 01 48 87 77 48
Fermé lundi et mardi. Accueil jusqu'à 23 h 30.

---

Prix moyen d'un repas tout compris : **200 €**

## CAFÉ DE L'ESPLANADE
52, rue Fabert (7ᵉ) • Ⓜ La Tour-Maubourg
Tél. 01 47 05 38 80
Ouvert tous les jours. Accueil jusqu'à 2 h.

Prix moyen d'un repas tout compris : **65 €**

## LE COQ
2, place du Trocadéro - 95, avenue Kléber (16ᵉ) • Ⓜ Trocadéro
Tél. 01 47 27 89 52
Ouvert tous les jours. Accueil jusqu'à 0 h 30.

Prix moyen d'un repas tout compris : **55 €**

## CHEZ GEORGES - LE JEU DU MAIL
1, rue du Mail (2ᵉ) • Ⓜ Bourse ou Sentier
Tél. 01 42 60 07 11
Fermé samedi et dimanche. Accueil jusqu'à 22 h 15.

Prix moyen d'un repas tout compris : **60 €**

## MEATING
122, avenue de Villiers (17ᵉ) • Ⓜ Pereire
Tél. 01 43 80 10 10
Fermé dimanche et lundi. Accueil jusqu'à 23 h.

Prix moyen d'un repas tout compris : **55 €**

## LE MURAT
1, boulevard Murat (16ᵉ) • Ⓜ Porte-d'Auteuil
Tél. 01 46 51 33 17
Ouvert tous les jours. Accueil jusqu'à minuit.

Prix moyen d'un repas tout compris : **55 €**

## LES PETITES SORCIÈRES
12, rue Liancourt (14ᵉ) • Ⓜ Denfert-Rochereau
Tél. 01 43 21 95 68
Fermé dimanche et lundi. Accueil jusqu'à 23 h.

Prix moyen d'un repas tout compris : **55 €**

## CHEZ SAVY

23, rue Bayard (8e) • Ⓜ Franklin-D.-Roosevelt
Tél. 01 47 23 46 98
Fermé samedi et dimanche. Accueil jusqu'à 23 h.

Prix moyen d'un repas tout compris : **50 €**

## LE SEVERO

8, rue des Plantes (14e) • Ⓜ Mouton-Duvernet
Tél. 01 45 40 40 91
Fermé samedi et dimanche. Accueil jusqu'à 22 h 30.

Prix moyen d'un repas tout compris : **50 €**

# Pot-au-feu

Délicieux plat familial... qu'on n'a plus le temps
de faire chez soi (3 h 30 de cuisson
sans compter la préparation !). Curieusement
peu de restaurants en proposent. Assurez-vous
des morceaux choisis : on doit y trouver
en égales parties de la macreuse ou du gîte
et du plat de côtes. Parfois de la joue de bœuf,
morceau très moelleux.

## L'AFFICHE

48, rue de Moscou (8e) • Ⓜ Rome, Europe ou Liège
Tél. 01 45 22 02 20
Fermé samedi midi et dimanche. Accueil jusqu'à 22 h 30.

**19,50 €** pour le *Pot-au-Feu*.
Prix moyen d'un repas tout compris : **40 €**

## L'AMBASSADE D'AUVERGNE

22, rue du Grenier-Saint-Lazare (3ᵉ) • Ⓜ Rambuteau
Tél. 01 42 72 31 22
Ouvert tous les jours. Accueil jusqu'à 22 h.

Environ 16 € pour le *Pot-au-Feu*.
Prix moyen d'un repas tout compris : **40 €**

## AUBERGE LE QUINCY

28, avenue Ledru-Rollin (12ᵉ) • Ⓜ Gare-de-Lyon
ou Quai-de-la-Râpée
Tél. 01 46 28 46 76
Fermé samedi, dimanche et lundi. Accueil jusqu'à 22 h.

Environ 25 € pour le *Pot-au-Feu*.
Prix moyen d'un repas tout compris : **65 €**

## L'AVANT-GOÛT

26, rue Bobillot (13ᵉ) • Ⓜ Place-d'Italie
Tél. 01 53 80 24 00
Fermé dimanche et lundi. Accueil jusqu'à 22 h 45.

16,50 € pour le *Pot-au-Feu de cochon aux épices et son verre de bouillon*.
Prix moyen d'un repas tout compris : **50 €**

## CINQ-MARS

51, rue de Verneuil (7ᵉ) • Ⓜ Rue-du-Bac
Tél. 01 45 44 69 13
Fermé dimanche. Accueil jusqu'à 23 h.

De 18 € à 20 € pour la *Joue de bœuf caramélisée*.
Prix moyen d'un repas tout compris : **50 €**

## LE ROI DU POT-AU-FEU

34, rue Vignon (9ᵉ) • Ⓜ Havre-Caumartin
Tél. 01 47 42 37 10
Fermé le dimanche. Accueil jusqu'à 22 h 30.

17 € pour le *Pot-au-Feu*.
Prix moyen d'un repas tout compris : **44 €**

## À LA TOUR DE MONTLHÉRY «CHEZ DENISE»

5, rue des Prouvaires (1er) • Ⓜ Châtelet-les-Halles
Tél. 01 42 36 21 82
Fermé samedi et dimanche. Accueil 24 h/24.

24 € pour le *Bœuf gros sel.*
Prix moyen d'un repas tout compris : **50 €**

# Poulet rôti

Difficile de trouver un bon poulet rôti dans un restaurant, même ceux qui disposent d'une rôtissoire. Il est vrai qu'on oublie que, pour que la peau soit bien dorée et sèche et la chair moelleuse, il faut arroser la bête pendant toute la cuisson. On n'emploiera bien sûr que du poulet fermier ou label rouge. Pour nous, le meilleur de Paris est celui de Lulu, *L'Assiette* (14e) et de *L'Ami Louis* (3e).

## L'AMI LOUIS

32, rue du Vertbois (3e) • Ⓜ Arts-et-Métiers
Tél. 01 48 87 77 48
Fermé lundi et mardi. Accueil jusqu'à 23 h 30.

78 € pour le *Poulet entier* (pour deux personnes).
Prix moyen d'un repas tout compris : **200 €**

## L'AOC

14, rue des Fossés-Saint-Bernard (5e) • Ⓜ Jussieu
ou Cardinal-Lemoine
Tél. 01 43 54 22 52
Fermé dimanche et lundi. Accueil jusqu'à 23 h.

17 € pour le *Poulet « pattes noires » fermier de chez M. Barreau,*
*servi avec des pommes sautées.*
Prix moyen d'un repas tout compris : **65 €**

## L'ARPÈGE

84, rue de Varenne (7ᵉ) • Ⓜ Varenne
Tél. 01 45 51 47 33
Fermé samedi et dimanche. Accueil jusqu'à 22 h 30.

96 € pour le *Poulet rôti.*
Prix moyen d'un repas tout compris : **270 €**

## L'ASSIETTE

181, rue du Château (14ᵉ) • Ⓜ Mouton-Duvernet ou Gaîté
Tél. 01 43 22 64 86
Fermé lundi. Accueil jusqu'à 23 h.

25 € pour le *Poulet rôti* (servi le dimanche midi).
Prix moyen d'un repas tout compris : **55 €**

## ATELIER MAÎTRE ALBERT

1, rue Maître-Albert (5ᵉ) • Ⓜ Maubert-Mutualité ou Saint-Michel
Tél. 01 56 81 30 01
Fermé samedi midi et dimanche midi. Accueil jusqu'à 23 h 30
et 1 h vendredi, samedi et dimanche.

20 € pour la *Volaille fermière rôtie, servie avec une pomme*
*purée.*
Prix moyen d'un repas tout compris : **40 €**

## LE BISTROT D'À CÔTÉ « LA BOUTARDE »

4, rue Boutard (Neuilly-sur-Seine – 92) • Ⓜ Pont-de-Neuilly
Tél. 01 47 45 34 55
Fermé samedi midi et dimanche. Accueil jusqu'à 23 h.

22 € pour le *Poulet de Bresse rôti à la broche* (uniquement le
mardi).
Prix moyen d'un repas tout compris : **50 €**

## LA BUTTE CHAILLOT

110 bis, avenue Kléber (16e) • Ⓜ Trocadéro
Tél. 01 47 27 88 88
Ouvert tous les jours. Accueil jusqu'à 22 h 30.

---

18,80 € pour le *Poulet rôti servi avec une cassolette de purée maison.*
Prix moyen d'un repas tout compris : **55 €**

## CHEZ FLOTTES

2, rue Cambon (1er) • Ⓜ Concorde
Tél. 01 42 60 80 89
Ouvert tous les jours. Accueil jusqu'à 0 h 30.

---

17,50 € pour le Poulet rôti de l'Aveyron, purée maison.
Prix moyen d'un repas tout compris : **50 €**

## LA GARE

19, chaussée de la Muette (16e) • Ⓜ Passy ou La Muette
Tél. 01 42 15 15 31
Ouvert tous les jours. Accueil jusqu'à 23 h.

---

21 € pour le *Poulet rôti servi avec une cassolette de purée maison.*
Prix moyen d'un repas tout compris : **50 €**

## LE PÈRE CLAUDE

51, avenue de La Motte-Picquet (15e) • Ⓜ La Motte-Picquet-Grenelle
Tél. 01 47 34 03 05
Ouvert tous les jours. Accueil jusqu'à 23 h.

---

18 € pour le *Poulet rôti.*
Prix moyen d'un repas tout compris : **60 €**

## LE RELAIS PLAZA

Hôtel Plaza-Athénée 21-25, avenue Montaigne (8e) • Ⓜ Alma-Marceau ou Franklin-D.-Roosevelt
Tél. 01 53 67 64 00
Ouvert tous les jours. Accueil jusqu'à 23 h 30.

46 € pour le *Demi-Poulet fermier des Landes à la broche.*
Prix moyen d'un repas tout compris : 110 €

## LA RÔTISSERIE DU BEAUJOLAIS

19, quai de la Tournelle (5ᵉ) • Ⓜ Maubert-Mutualité
Tél. 01 43 54 17 47
Ouvert tous les jours. Accueil jusqu'à 22 h 15.

17 € pour le *Demi-Poulet rôti servi avec une purée de pommes de terre maison.*
Prix moyen d'un repas tout compris : 50 €

## SYDR

6, rue de Tilsitt (8ᵉ) • Ⓜ Charles-de-Gaulle-Étoile
Tél. 01 45 72 41 32
Fermé samedi midi, dimanche et lundi soir. Accueil jusqu'à 23 h.

18 € pour le *Poulet jaune rôti à la broche.*
Prix moyen d'un repas tout compris : 45 €

Poulet rôti

# Quenelles

La recette la plus répandue est la quenelle
de brochet sauce nantua. Elle doit arriver
sur la table aussitôt sortie du four pour être
encore gonflée. Rien de plus triste
qu'une quenelle aplatie, du coup bourrative.

## AUBERGE BRESSANE

16, avenue de la Motte-Picquet (7ᵉ) • Ⓜ La Tour-Maubourg
Tél. 01 47 05 98 37
Fermé le samedi midi. Accueil jusqu'à 22 h 30.

21 € pour les *Quenelles de brochet.*
Prix moyen d'un repas tout compris : 30 €

## AUX LYONNAIS

32, rue Saint-Marc (2ᵉ) • Ⓜ Richelieu-Drouot ou Bourse
Tél. 01 42 96 65 04
Fermé samedi midi, dimanche et lundi. Accueil jusqu'à 23 h.

23 € pour les *Quenelles et écrevisses.*
Prix moyen d'un repas tout compris : 60 €

## MICHEL ROSTANG

20, rue Rennequin (17ᵉ) • Ⓜ Ternes ou Pereire
Tél. 01 47 63 40 77
Fermé samedi midi, dimanche et lundi midi. Accueil jusqu'à 23 h.

59 € pour la *Quenelle de brochet soufflée à la crème de homard.*
Prix moyen d'un repas tout compris : 200 €

## MOISSONNIER

28, rue des Fossés-Saint-Bernard (5ᵉ) • Ⓜ Jussieu
ou Cardinal-Lemoine
Tél. 01 43 29 87 65
Fermé dimanche et lundi. Accueil jusqu'à 22 h.

20 € pour la *Quenelle de brochet soufflée.*
Prix moyen d'un repas tout compris : **50 €**

## LA TOUR D'ARGENT

15-17, quai de la Tournelle (5ᵉ) • Ⓜ Pont-Marie
ou Cardinal-Lemoine
Tél. 01 43 54 23 31
Fermé lundi. Accueil jusqu'à 21 h.

50 € pour les *Quenelles de brochet « André Terrail ».*
Prix moyen d'un repas tout compris : **125 €**

# Risotto

C'est le plat à la mode à Paris au moment
où nous rédigeons ce guide. Hélas, la plupart
ne présentent qu'un rapport lointain
avec la ou les recettes authentiques
qui sont réalisées avec un riz spécial italien
(Arborio ou Carnaroli), une nécessité.
20 à 22 minutes de cuisson
et surtout pas de crème.

## CAFFÈ RISTRETTO

Hôtel Monna-Lisa 97, rue de La Boétie (8ᵉ) •
Ⓜ Franklin-D.-Roosevelt
Tél. 01 56 43 38 38
Fermé samedi et dimanche. Accueil jusqu'à 22 h 30.

---

De 24 € à 28 € pour le *Risotto*.
Prix moyen d'un repas tout compris : 55 €

## CONTI

72, rue Lauriston (16ᵉ) • Ⓜ Boissière
Tél. 01 47 27 74 67
Fermé samedi et dimanche. Accueil jusqu'à 22 h 30.

---

19 € pour le *Risotto au safran à la Milanaise*.
Prix moyen d'un repas tout compris : 75 €

## DELL'ORTO

45, rue Saint-Georges (9ᵉ) • Ⓜ Saint-Georges
Tél. 01 48 78 40 30
Fermé dimanche et lundi. Accueil jusqu'à minuit.

---

30 € pour le *Risotto à l'encre de seiche, au homard breton et safran d'Iran*.
Prix moyen d'un repas tout compris : 60 €

## EMPORIO ARMANI CAFFÉ

149, boulevard Saint-Germain (6ᵉ) • Ⓜ Saint-Germain-des-Prés
Tél. 0145486215
Fermé le dimanche. Accueil jusqu'à 23 h 30.

---

30 € pour le *Risotto Milano.*
Prix moyen d'un repas tout compris : **70 €**

## I GOLOSI

6, rue de la Grange-Batelière (9ᵉ) • Ⓜ Richelieu-Drouot
Tél. 0148241863
Fermé samedi soir et dimanche. Accueil jusqu'à 23 h 30.

---

28 € pour le *Risotto bar et champignons.*
Prix moyen d'un repas tout compris : **40 €**

## IL CORTILE

37, rue Cambon (1ᵉʳ) • Ⓜ Concorde, Madeleine ou Opéra
Tél. 0144584567
Fermé samedi et dimanche. Accueil jusqu'à 22 h 30.

---

31 € pour le *Risotto TAO (encre de seiche, fromage de chèvre, lait de coco, essence de cuitlacoche).*
Prix moyen d'un repas tout compris : **75 €**

## MORI VENICE BAR

2, rue du Quatre-Septembre (2ᵉ) • Ⓜ Bourse
Tél. 0144555155
Fermé samedi midi et dimanche. Accueil jusqu'à 23 h 30.

---

30 € pour le *Risotto aux seiches fraîches avec leur encre.*
Prix moyen d'un repas tout compris : **85 €**

## L'OSTERIA

10, rue de Sévigné (4ᵉ) • Ⓜ Saint-Paul
Tél. 0142713708
Fermé samedi, dimanche et lundi midi. Accueil jusqu'à 22 h 15.

---

Prix moyen d'un repas tout compris : **60 €**

## PAOLO PETRINI

6, rue du Débarcadère (17e) • Ⓜ Porte-Maillot ou Argentine
Tél. 01 45 74 25 95
Fermé samedi midi et lundi midi. Accueil jusqu'à 22 h 30.

Dans le menu-carte à 35 € pour le *Risotto.*
Prix moyen d'un repas tout compris : **45 €**

# Ris de veau

Le ris de veau est un abat d'un goût
délicieusement fin. Il est servi poché, braisé,
rôti, en feuilleté, en beignets. Nous, on l'aime
nature cuit meunière bien doré sur toutes
les faces et bien moelleux à l'intérieur.
Les Troisgros le servent depuis des décennies
en « grillons » coupés en petits morceaux cuits
très croustillants : un délice. À manger
au restaurant : c'est très long et minutieux
à préparer. Les ris d'agneau sont peut-être
moins fins mais beaucoup moins chers
et très faciles à préparer.

## L'AMBROISIE

9, place des Vosges (4e) • Ⓜ Bastille ou Saint-Paul
Tél. 01 42 78 51 45
Fermé dimanche et lundi. Accueil jusqu'à 22 h.

120 € pour la *Noix de ris de veau braisée.*
Prix moyen d'un repas tout compris : **280 €**

## CASA OLYMPE

35, rue de Clichy (9e) • Ⓜ Saint-Georges
Tél. 01 42 85 26 01
Fermé samedi et dimanche. Accueil jusqu'à 23 h.

Dans les menus à 33 € et 42 € pour le *Ris de veau*.
Prix moyen d'un repas tout compris : 50 €

## GÉRARD BESSON

5, rue Coq-Héron (1er) • Ⓜ Louvre-Rivoli
ou Palais-Royal-Musée-du-Louvre
Tél. 01 42 33 14 74
Fermé samedi midi, dimanche et lundi midi. Accueil jusqu'à 21 h 30.

50 € pour le *Vol-au-Vent de ris d'agneau*.
Prix moyen d'un repas tout compris : 155 €

## GUY SAVOY

18, rue Troyon (17e) • Ⓜ Charles-de-Gaulle-Étoile ou Ternes
Tél. 01 43 80 40 61
Fermé samedi midi, dimanche et lundi. Accueil jusqu'à 22 h 30.

112 € pour le *Ris de veau*.
Prix moyen d'un repas tout compris : 190 €

## LE MEURICE

Hôtel Meurice 228, rue de Rivoli (1er) • Ⓜ Concorde ou Tuileries
Tél. 01 44 58 10 55
Fermé samedi et dimanche. Accueil jusqu'à 22 h.

98 € pour la *Noix de ris de veau rôtie, poireaux, béchamel truffée*.
Prix moyen d'un repas tout compris : 220 €

## AU PETIT MARGUERY

9, boulevard de Port-Royal (13e) • Ⓜ Les Gobelins
Tél. 01 43 31 58 59
Fermé le dimanche et lundi. Accueil jusqu'à 22 h 15.

Dans le menu carte à 35 € et à 26 € le midi (supplément de 9 €)
pour les *Ris de veau poêlés au porto et morilles*.
Prix moyen d'un repas tout compris : 50 €

## TANTE MARGUERITE

5, rue de Bourgogne (7e) • Ⓜ Assemblée-Nationale
Tél. 01 45 51 79 42
Fermé samedi et dimanche. Accueil jusqu'à 22 h 30.

28 € avec un supplément de 7 € pour le *Ris de veau cuit au four fricassée de blettes à la bourgeoise*.
Prix moyen d'un repas tout compris : 60 €

# Rognons de veau

Les meilleurs rognons de veau que j'ai jamais mangés c'était Chez Léon de Lyon (Salut, Jean-Paul Lacombe !...) cuits dans leur graisse, bien rissolés et braisés avec une longe de veau. Hélas, je ne pense pas que vous trouviez cela à Paris. Ici, on les fait cuire sautés ou grillés servis rosés, parfois à la crème, à la moutarde.

## CHEZ L'AMI JEAN

27, rue Malar (7ᵉ) • Ⓜ La Tour-Maubourg ou Invalides
Tél. 01 47 05 86 89
Fermé dimanche et lundi. Accueil jusqu'à minuit.

Environ 25 € pour les *Rognons de veau*.
Prix moyen d'un repas tout compris : 50 €

## LE BISTROT D'À CÔTÉ VILLIERS

16, avenue de Villiers (17ᵉ) • Ⓜ Villiers
Tél. 01 47 63 25 61
Fermé samedi et dimanche. Accueil jusqu'à 22 h 30.

22 € pour les *Rognons de veau*.
Prix moyen d'un repas tout compris : 50 €

## AU BOURGUIGNON DU MARAIS

52, rue François-Miron (4ᵉ) • Ⓜ Saint-Paul, Hôtel-de-Ville ou Pont-Marie
Tél. 01 48 87 15 40
Fermé dimanche et lundi. Accueil jusqu'à 23 h.

21 € pour les *Rognons de veau à la moutarde violette*.
Prix moyen d'un repas tout compris : **40 €**

## LA MASCOTTE

270, rue du Faubourg-Saint-Honoré (8ᵉ) • Ⓜ Ternes
Tél. 01 42 27 75 26
Fermé samedi soir et dimanche. Accueil jusqu'à 23 h.

Environ 24 € pour les *Rognons de veau*.
Prix moyen d'un repas tout compris : **45 €**

## AU MOULIN À VENT

20, rue des Fossés-Saint-Bernard (5ᵉ) • Ⓜ Jussieu
ou Cardinal-Lemoine
Tél. 01 43 54 99 37
Fermé samedi midi, dimanche et lundi. Accueil jusqu'à 23 h 15.

27 € pour les *Rognons de veau*.
Prix moyen d'un repas tout compris : **60 €**

## AU PETIT MARGUERY

9, boulevard de Port-Royal (13ᵉ) • Ⓜ Les Gobelins
Tél. 01 43 31 58 59
Fermé le dimanche et lundi. Accueil jusqu'à 22 h 15.

Dans le menu carte à 35 € et 26 € le midi pour les *Rognons de veau à la graine de moutarde*.
Prix moyen d'un repas tout compris : **50 €**

## TANTE LOUISE

41, rue Boissy-d'Anglas (8ᵉ) • Ⓜ Concorde ou Madeleine
Tél. 01 42 65 06 85
Fermé samedi et dimanche. Accueil jusqu'à 22 h 30.

25 € pour les *Rognons de veau de lait cuits dans sa graisse servis avec une purée de pommes de terre rattes*.
Prix moyen d'un repas tout compris : **65 €**

# LE VOLTAIRE

27, quai Voltaire (7ᵉ) • Ⓜ Rue-du-Bac
Tél. 01 42 61 17 49
Fermé dimanche et lundi. Accueil jusqu'à 22 h 15.

42 € pour les *Rognons de veau*.
Prix moyen d'un repas tout compris : **85 €**

# Saucisse aligot

L'aligot, c'est de la purée de pommes de terre en mélange intime avec de la tomme fraîche du Cantal. Cette spécialité auvergnate se sert, en général, avec de la saucisse fraîche poêlée ou rôtie.

## L'AMBASSADE D'AUVERGNE

22, rue du Grenier-Saint-Lazare (3e) • Ⓜ Rambuteau
Tél. 01 42 72 31 22
Ouvert tous les jours. Accueil jusqu'à 22 h.

---

14 € pour la *Saucisse de Parlan et aligot*.
Prix moyen d'un repas tout compris : **40 €**

## CHEZ FLOTTES

2, rue Cambon (1er) • Ⓜ Concorde
Tél. 01 42 60 80 89
Ouvert tous les jours. Accueil jusqu'à 0 h 30.

---

15,50 € pour la *Saucisse d'Auvergne et aligot*.
Prix moyen d'un repas tout compris : **50 €**

## MÉLAC

42, rue Léon-Frot (11e) • Ⓜ Charonne
Tél. 01 43 70 59 27
Fermé dimanche et lundi. Accueil jusqu'à 22 h 30.

---

16 € pour la Saucisse fraîche au couteau et son aligot.
Prix moyen d'un repas tout compris : **35 €**

## LE PLOMB DU CANTAL

3, rue de la Gaîté (14e) • Ⓜ Edgar-Quinet ou Gaîté
Tél. 01 43 35 16 92
Ouvert tous les jours. Accueil jusqu'à minuit.

21 € pour la Saucisse aligot.
Prix moyen d'un repas tout compris : 40 €

# Saumon à l'unilatéral

Le saumon est, de nos jours, le poisson
que l'on propose dans la plupart
des restaurants. Tout le monde aime cela,
ce n'est pas cher grâce à l'élevage intensif,
facile à préparer et vendu sans arête.
Le meilleur est élevé en Norvège et, depuis peu
au Chili. On en trouve de l'écossais
ou du danois sauvage. Quelques restaurants
reçoivent de temps en temps du saumon
de l'Adour. La couleur rehausse le goût (ne riez
pas, c'est vrai !). On s'est aperçu que la célèbre
recette des frères Troigros, « Escalope de
saumon à l'oseille » était encore meilleure
avec des tronçons épais qu'on cuit sur la peau,
à l'unilatéral, comme on le prépare
dans les pays nordiques.

## FLORA DANICA
Maison du Danemark 142, avenue des Champs-Élysées (8ᵉ) •
Ⓜ Charles-de-Gaulle-Étoile ou George-V
Tél. 01 44 13 86 26
Ouvert tous les jours. Accueil jusqu'à 23 h.

26 € pour le *Saumon grillé à l'unilatéral*.
Prix moyen d'un repas tout compris : 75 €

# Sole Meunière

La sole est un poisson délicieux, facile et rapide à préparer. Hélas, la sole est un poisson cher, mais tellement demandé que les brasseries et les restaurateurs de poisson ne peuvent la retirer de leur carte. On cuit la sole à la poêle dans un bon beurre, il faut qu'elle soit bien dorée et séchée des deux côtés. Juste avant de servir, on fait un beurre mousseux avec un jus de citron qu'on versera sur la sole. Ne laissez pas le serveur la préparer, c'est si bon de manger les « parures » bien dorées…

## DESSIRIER

9, place du Maréchal-Juin (17e) • Ⓜ Pereire
Tél. 01 42 27 82 14
Ouvert tous les jours. Accueil jusqu'à 23 h 15.

---

56 € pour la *Sole meunière grillée*.
Prix moyen d'un repas tout compris : **85 €**

## LE DÔME

108, boulevard du Montparnasse (14e) • Ⓜ Vavin
Tél. 01 43 35 25 81
Ouvert tous les jours. Accueil jusqu'à 0 h 15.

---

44 € pour la *Sole de l'île d'Yeu meunière*.
Prix moyen d'un repas tout compris : **105 €**

## LE DUC

243, boulevard Raspail (14e) • Ⓜ Raspail
Tél. 01 43 20 96 30
Fermé samedi midi, dimanche et lundi. Accueil jusqu'à 22 h 15.

---

50 € pour la *Sole meunière*.
Prix moyen d'un repas tout compris : **140 €**

## LES FABLES DE LA FONTAINE

131, rue Saint-Dominique (7ᵉ) • Ⓜ École-Militaire
Tél. 01 44 18 37 55
Ouvert tous les jours. Accueil jusqu'à 22 h 30.

---

37 € pour la *Sole meunière*.
Prix moyen d'un repas tout compris : **75 €**

## GARNIER

111, rue Saint-Lazare (8ᵉ) • Ⓜ Saint-Lazare
Tél. 01 43 87 50 40
Ouvert tous les jours. Accueil jusqu'à 23 h.

---

38 € pour la *Sole meunière au citron confit, servie avec une purée de rattes au beurre demi-sel.*
Prix moyen d'un repas tout compris : **85 €**

# Soufflés

On trouve plus souvent dans les restaurants des soufflés sucrés (au chocolat, à la vanille, au Grand Marnier, etc.) que salés, pourtant délicieux quand ils sont préparés selon les règles : il faut une béchamel liée de jaunes d'œufs auxquels on ajoute des blancs d'œufs battus. Certains respectent cette recette traditionnelle, d'autres se contentent de blancs d'œufs montés en neige. Le soufflé sera servi moelleux, presque coulant au centre et doré sur le pourtour. Le plus répandu est le soufflé au fromage. On peut le préparer avec du crabe émietté ou, tout à fait délicieux avec de la truffe hachée.

## LA CIGALE-RÉCAMIER

4, rue Récamier (7e) • Ⓜ Sèvres-Babylone
Tél. 0145488658
Fermé le dimanche. Accueil jusqu'à 23 h.

De 9 € à 14 € pour les *Soufflés salés ou sucrés.*
Prix moyen d'un repas tout compris : **50 €**

## L'ÉPIGRAMME

9, rue de l'Éperon (6e) • Ⓜ Odéon ou Saint-Michel
Tél. 0144410009
Fermé dimanche et lundi. Accueil jusqu'à 23 h.

Le soir, dans le menu à 28 €, *Soufflé au Grand Marnier.*
Prix moyen d'un repas tout compris : **35 €** au déjeuner et **50 €** au dîner.

## JOSÉPHINE (CHEZ DUMONET)

117, rue du Cherche-Midi (6e) • Ⓜ Duroc ou Falguière
Tél. 0145485240
Fermé samedi et dimanche. Accueil jusqu'à 22 h 30.

14 € pour le *Soufflé au Grand Marnier servi avec son petit verre.*
Prix moyen d'un repas tout compris : **60 €**

## LE SOUFFLÉ

36, rue du Mont-Thabor (1er) • Ⓜ Concorde
Tél. 0142602719
Fermé le dimanche. Accueil jusqu'à 22 h 30.

De 9,80 € à 18 € pour les *Soufflés.*
Prix moyen d'un repas tout compris : **45 €**

*Soufflés*

Ce mets national japonais est bien difficile à trouver de grande qualité à Paris. Variété et fraîcheur des poissons, habileté des sushi-men. Nous vous indiquons quelques tables que les Japonais eux-mêmes apprécient, *Isami* étant le plus souvent cité.

## BENKAY

Novotel Paris Tour Eiffel 61, quai de Grenelle (15$^e$) • Ⓜ Charles-Michels ou Bir-Hakeim
Tél. 01 40 58 21 26
Ouvert tous les jours. Accueil jusqu'à 22 h.

57 € pour l'*Assortiment de sushis*.
Prix moyen d'un repas tout compris : **100 €**

## BIZAN

56, rue Sainte-Anne (2$^e$) • Ⓜ Pyramides ou Quatre-Septembre
Tél. 01 42 96 67 76
Fermé le dimanche. Accueil jusqu'à 22 h.

40 € pour *l'Assortiment de sushis*.
Prix moyen d'un repas tout compris : **40 €**

## ISAMI

4, quai d'Orléans (4$^e$) • Ⓜ Pont-Marie
Tél. 01 40 46 06 97
Fermé dimanche et lundi. Accueil jusqu'à 22 h.

30 € le *Plat de sushis*.
Prix moyen d'un repas tout compris : **60 €**

## KAISEKI

7 bis, rue André-Lefebvre (15ᵉ) • Ⓜ Javel
Tél. 01 45 54 48 60
Fermé dimanche et lundi. Accueil jusqu'à 22 h.

De 40 € à 130 € pour les *Plats de sushis*.
Prix moyen d'un repas tout compris : **60 €**

## KINUGAWA I

9, rue du Mont-Thabor (1ᵉʳ) • Ⓜ Tuileries ou Concorde
Tél. 01 42 60 65 07
Fermé le dimanche. Accueil jusqu'à 22 h.

**40 €** pour *Nigiri-Sushi (sélection du jour de 11 pièces)* ; de 3 € à
6 € pièce.
Prix moyen d'un repas tout compris : **65 €**

# Tapas

Les tapas, c'est à la mode mais il s'agit plus ici de plats de charcuteries en petites portions et non de recettes spécifiques comme à Barcelone.

## AFARIA

15, rue Desnouettes (15ᵉ) • Ⓜ Convention
Tél. 01 48 56 15 36
Fermé dimanche et lundi midi. Accueil jusqu'à 23 h.

De 6 € à 11 € pour les *Tapas*.
Prix moyen d'un repas tout compris : **45 €**

## BELLOTA-BELLOTA

18, rue Jean-Nicot (7ᵉ) • Ⓜ Invalides
Tél. 01 53 59 96 96
Fermé dimanche et lundi. Accueil jusqu'à 22 h.

De 6 € à 15 € pour les *Tapas*.
Prix moyen d'un repas tout compris : **65 €**

## DA ROSA

62, rue de Seine (6ᵉ) • Ⓜ Odéon
Tél. 01 40 51 00 09
Ouvert tous les jours. Accueil jusqu'à 23 h.

De 4 € à 15 € pour les *Tapas*.
Prix moyen d'un repas tout compris : **40 €**

## FOGON

45, quai des Grands-Augustins (6ᵉ) • Ⓜ Saint-Michel, Cité
ou Maubert-Mutualité
Tél. 01 43 54 31 33
Fermé lundi et au déjeuner du mardi au vendredi. Accueil jusqu'à minuit.

Dans le menu à 39 € et à 45 € pour les *Tapas*.
Prix moyen d'un repas tout compris : **55 €**

## LE PASSAGE

Au 1er étage du restaurant *Senderens* – 9, place de la Madeleine
(8e) • Ⓜ Madeleine
Tél. 01 42 65 22 90
Ouvert tous les jours. Accueil jusqu'à 23 h 15.

De 14 € à 22 € en entrée, de 15 € à 16 € en plat et de 8 € à 9 €
en dessert pour les *Tapas*. Menu à 36 € au bar.
Prix moyen d'un repas tout compris : 50 €

## SYDR

6, rue de Tilsitt (8e) • Ⓜ Charles-de-Gaulle-Étoile
Tél. 01 45 72 41 32
Fermé dimanche et lundi soir. Accueil jusqu'à 23 h.

De 1 € à 7 € pour les *Tapas*.
Prix moyen d'un repas tout compris : **45 €**

# Tartare de bœuf

Il s'agit, on le sait, d'un morceau individuel
de bœuf haché pas trop fin. Juste avant
de servir (cru évidemment), on y ajoute
du poivre de Cayenne, du Tabasco
ou de la Worcestershire sauce, un jaune d'œuf,
de l'oignon haché cru, des câpres, du persil
et de l'échalote. On peut le servir
avec du ketchup et de l'huile d'olive.
Très courant, aussi bien dans les bistrots
que dans les restaurants et les brasseries.

À l'époque ou le personnel de salle en avait
à la fois le temps et la compétence,
il était assaisonné devant le client
et haché au couteau.

## 1728

8, rue d'Anjou (8ᵉ) • Ⓜ Madeleine ou Concorde
Tél. 01 40 17 04 77
Fermé le dimanche. Accueil jusqu'à 23 h.

---

22 € pour le *Tartare de bœuf*.
Prix moyen d'un repas tout compris : **90 €**

## AU BŒUF COURONNÉ

188, avenue Jean-Jaurès (19ᵉ) • Ⓜ Porte-de-Pantin
Tél. 01 42 39 44 44
Ouvert tous les jours. Accueil jusqu'à minuit.

---

18 € pour le *Tartare de bœuf*.
Prix moyen d'un repas tout compris : **60 €**

## LA CLOSERIE DES LILAS

171, boulevard du Montparnasse (6ᵉ) • Ⓜ Vavin
ou RER B Port-Royal
Tél. 01 40 51 34 50
Ouvert tous les jours. Accueil jusqu'à 23 h 30.

---

19 € pour le *Tartare de bœuf*.
Prix moyen d'un repas tout compris : **70 €**

## LA GAULOISE

59, avenue de La Motte-Picquet (15ᵉ) • Ⓜ La Motte-Picquet-
Grenelle
Tél. 01 47 34 11 64
Ouvert tous les jours. Accueil jusqu'à 23 h.

---

17 € pour le *Tartare de bœuf*.
Prix moyen d'un repas tout compris : **45 €**

## LE MESTURET

77, rue de Richelieu (2ᵉ) • Ⓜ Bourse ou Quatre-Septembre
Tél. 01 42 97 40 68
Fermé samedi midi et dimanche. Accueil jusqu'à 22 h 30.

14 € pour le *Traditionnel tartare de bœuf coupé au couteau, servi avec un gratin dauphinois.*
Prix moyen d'un repas tout compris : **30 €**

## RUE BALZAC

3-5, rue Balzac (8ᵉ) • Ⓜ George-V
Tél. 01 53 89 90 91
Fermé samedi midi et dimanche midi. Accueil jusqu'à 23 h 30.

17 € pour la petite portion et 26 € pour la grande portion de *Tartare de bœuf « origine France » au couteau, avec des pommes de terre de Noirmoutier.*
Prix moyen d'un repas tout compris : **60 €**

## LE SEVERO

8, rue des Plantes (14ᵉ) • Ⓜ Mouton-Duvernet
Tél. 01 45 40 40 91
Fermé samedi et dimanche. Accueil jusqu'à 22 h 30.

18 € pour le *Tartare de bœuf* (entre 250 et 300 g).
Prix moyen d'un repas tout compris : **50 €**

## ZÉBRA SQUARE

3, place Clément-Ader (16ᵉ) • Ⓜ Passy ou RER C avenue
du Président Kennedy
Tél. 01 44 14 91 91
Ouvert tous les jours. Accueil jusqu'à 23 h 30.

Dans la formule à 26 € ou le menu à 34 € au déjeuner pour le *Tartare aux herbes fraîches et pommes frites* ; ou le *Tartare classique, pommes frites ou mesclun de salades.*
Prix moyen d'un repas tout compris : **55 €**

# Tartare de poisson

La mode du poisson cru s'est beaucoup développée à Paris, depuis quelques années, sous forme de sushi, d'émincés ou de tartare haché comme un tartare de bœuf.

## ATELIER BERGER

49, rue Berger (1er) • Ⓜ Louvre-Rivoli ou Châtelet
Tél. 01 40 28 00 00
Fermé le samedi midi et le dimanche. Accueil jusqu'à 23 h.

14 € pour le *Tartare de thon rouge parfumé à la citronnelle et sorbet à l'encre de seiche.*
Prix moyen d'un repas tout compris : **75 €**

## CAFÉ PRUNIER

15, place de la Madeleine (8e) • Ⓜ Madeleine
Tél. 01 47 42 98 98
Fermé le samedi soir et le dimanche. Accueil jusqu'à 23 h.

15 € pour le *Tartare de saumon fumé avec blinis et pommes rattes.*
Prix moyen d'un repas tout compris : **100 €**

## LE DUC

243, boulevard Raspail (14e) • Ⓜ Raspail
Tél. 01 43 20 96 30
Fermé samedi midi, dimanche et lundi. Accueil jusqu'à 22 h 15.

15 € pour le *Tartare de bar et saumon mélangés.*
Prix moyen d'un repas tout compris : **140 €**

## PIERRE AU PALAIS ROYAL

7, rue Montpensier - 10, rue de Richelieu (1er) • Ⓜ Louvre ou Palais-Royal
Tél. 01 42 96 09 17
Fermé samedi midi et dimanche. Accueil jusqu'à minuit.

Dans la formule à 33 € ou le menu à 39 € pour le *Tartare de dorade, gingembre et citrons confits*.
Prix moyen d'un repas tout compris : **70 €**

# Tête de veau

Par facilité, on a de plus en plus tendance à servir de la tête de veau roulée comme un rôti, prédécoupée et poêlée au dernier moment. Cela n'a qu'un rapport lointain avec la vraie recette : pas de cervelle, rarement de la langue, plus de gélatine et pas de sauce. Avant de commander, renseignez-vous auprès du service.

## APICIUS

20, rue d'Artois (8ᵉ) • Ⓜ Saint-Philippe-du-Roule
Tél. 01 43 80 19 66
Fermé samedi et dimanche. Accueil jusqu'à 22 h.

40 € pour la *Tête de veau, langue et cervelle ravigotées*.
Prix moyen d'un repas tout compris : **190 €**

## BENOIT

20, rue Saint-Martin (4ᵉ) • Ⓜ Hôtel-de-Ville
Tél. 01 42 72 25 76
Ouvert tous les jours. Accueil jusqu'à 22 h.

24 € pour la *Tête de veau traditionnelle sauce ravigote*.
Prix moyen d'un repas tout compris : **105 €**

## AU BŒUF COURONNÉ

188, avenue Jean-Jaurès (19ᵉ) • Ⓜ Porte-de-Pantin
Tél. 01 42 39 44 44
Ouvert tous les jours. Accueil jusqu'à minuit.

---

**22,30 €** pour la *Tête de veau vieille France sauce ravigote.*
Prix moyen d'un repas tout compris : **55 €**

## CAVES PÉTRISSANS

30 bis, avenue Niel (17ᵉ) • Ⓜ Charles-de-Gaulle-Étoile ou Pereire
Tél. 01 42 27 52 03
Fermé samedi et dimanche. Accueil jusqu'à 22 h.

---

**22 €** pour la *Tête de veau sauce ravigote.*
Prix moyen d'un repas tout compris : **50 €**

## LA GRILLE

80, rue du Faubourg-Poissonnière (10ᵉ) • Ⓜ Poissonnière
Tél. 01 47 70 89 73
Fermé samedi et dimanche. Accueil jusqu'à 21 h 30.

---

**16,80 €** pour la *Tête de veau à l'ancienne sauce gribiche.*
Prix moyen d'un repas tout compris : **60 €**

## LE PAMPHLET

38, rue Debelleyme (3ᵉ) • Ⓜ Filles-du-Calvaire
Tél. 01 42 72 39 24
Fermé samedi midi, dimanche et lundi midi. Accueil jusqu'à 23 h.

---

*Tête de veau à l'ancienne* **dans le menu à 35 €.**
Prix moyen d'un repas tout compris : **45 €**

## LE PASSIFLORE

33, rue de Longchamp (16ᵉ) • Ⓜ Trocadéro, Boissière ou Iéna
Tél. 01 47 04 96 81
Fermé samedi midi, dimanche et lundi midi. Accueil jusqu'à
22 h 30.

---

**26 €** pour la *Tête de veau en bouillabaisse aux huîtres.*
Prix moyen d'un repas tout compris : **75 €**

## STELLA MARIS

4, rue Arsène-Houssaye (8e) • Ⓜ George-V
ou Charles-de-Gaulle-Étoile
Tél. 01 42 89 16 22
Fermé samedi midi et dimanche. Accueil jusqu'à 22 h 30.

---

**50 €** pour la *Tête de veau en cocotte*.
Prix moyen d'un repas tout compris : **85 €**

# Tripes à la mode de Caen

Les tripes, on le sait, c'est l'estomac
et l'intestin du mouton. Dans le Sud,
ce sont les tripoux, les pieds paquets.
Il y a autant de recettes que de régions.
Les plus connues à Paris sont les tripes
à la mode de Caen. Longuement mijotées
avec des carottes, des poireaux et des oignons.

## AU PETIT VANVES

34, avenue Victor-Hugo (Vanves – 92) • Ⓜ Plateau-de-Vanves-
Malakoff
Tél. 01 46 42 13 46
Fermé samedi midi et dimanche. Accueil jusqu'à 22 h 30.

---

**Prix du plat : 16,50 €** pour les *Tripes à la mode de Caen*.
Prix moyen d'un repas tout compris : **35 €**

## PHARAMOND

24, rue de la Grande-Truanderie (1er) • Ⓜ Châtelet-les-Halles
ou Étienne-Marcel
Tél. 01 40 28 45 18
Fermé dimanche et lundi. Accueil jusqu'à 23 h.

22 € pour les *Tripes à la mode de Caen*.
Prix moyen d'un repas tout compris : 60 €

# Truffes

À part la merveilleuse truffe blanche d'Alba, seule mérite considération la truffe noire d'hiver (*Tuber melanosporum*) que l'on récolte de fin novembre à fin mars en Vaucluse (80 % de la récolte nationale) dans le haut Var et en Quercy-Périgord. Pour en profiter pleinement, c'est fraîche qu'il faut la consommer. On en propose de décembre à mars dans la plupart des bons restaurants de Paris. En conserve, elle servira le reste de l'année à préparer la brouillade de bienvenue servie à longueur d'année en Provence. Éviter la truffe d'été (*Tuber aestivum*), elle n'a aucun goût de truffe mais seulement l'aspect qui amène la confusion.

## MAISON DE LA TRUFFE
19, place de la Madeleine (8ᵉ) • Ⓜ Madeleine
Tél. 01 42 65 53 22
Fermé dimanche. Accueil jusqu'à 22 h.

22 € pour l'*Œuf de poule en brouillade à la truffe d'été* ; 34 € pour le *Mignon de veau condiment truffé et son écrasé de pommes de terre* ; 29 € pour le *Cabillaud en ficelle de pomme frit avec quatre truffes d'été*.
Prix moyen d'un repas tout compris : 70 €

## MICHEL ROSTANG

20, rue Rennequin (17ᵉ) • Ⓜ Ternes ou Pereire
Tél. 01 47 63 40 77
Fermé samedi midi, dimanche et lundi midi. Accueil jusqu'à 23 h.

108 € pour le *Sandwich à la truffe*.
Prix moyen d'un repas tout compris : **200 €**

## LA TRUFFE NOIRE

2, place Parmentier (Neuilly-sur-Seine – 92) • Ⓜ Porte-Maillot
Tél. 01 46 24 94 14
Fermé samedi et dimanche. Accueil jusqu'à 22 h.

30 € pour l'*Œuf mollet crème de lard* ; 28 € pour la *Pomme de terre râpée de truffe avec poitrine de cochon caramélisée et purée de pommes de terre* ; 65 € pour le *Bar de ligne et truffe mélanosporum cuit en coque d'argile*.
Prix moyen d'un repas tout compris : **50 €**

# RESTAURANTS
## *par arrondissement*

## 6e

## 7e

## 8e

# 93

# RESTAURANTS
## *par ordre alphabétique*

**INDEX**

Conception graphique : Cécile Kremer

Composition : Nordcompo

N° d'édition : 25716
Dépôt légal : Septembre 2008
Achevé d'imprimer en France
par Pollina - L47925